AUTORE

Eduardo Manuel Gil Martínez (25 giugno 1970) storico e appassionato della storia spagnola da diversi anni, principalmente sulla seconda guerra mondiale e l'età della Reconquista. Autore di numerosi testi sulla seconda guerra mondiale per riviste spagnole e italiane come "Revista Española de Historia Militar", AMARTE, "Ritterkreuz" o " Le forze dell'asse nella seconda guerra mondiale 1939-1945 ". Oltre al titolo che pubblichiamo è anche l'autore di: "Sevilla Reina y Mora. Historia del reino independiente sevillano. Siglo XI ", "Breslau 1945. El último bastión del Reich", "Gli spagnoli nelle SS e nella Wehrmacht. 1944-45. L'unità Ezquerra nella battaglia di Berlino "," L'aeronautica bulgara nella seconda guerra mondiale. L'alleato dimenticato della Germania "," Forze corazzate rumene nella seconda guerra mondiale "," Forze corazzate ungheresi nella seconda guerra mondiale", "Aeronautica spagnola nella seconda guerra mondiale", "Hispano Aviación Ha-1112" (sull'ultimo Messerschmitt 109 mai costruito in Spagna) e altri testi per importanti editori come Almena , Kagero, Schiffer e Pen & Sword.

PUBLISHING'S NOTES

None of unpublished images or text of our book may be reproduced in any format without the expressed written permission of Luca Cristini Editore (already Soldiershop.com) when not indicate as marked with license creative commons 3.0 or 4.0. Luca Cristini Editore has made every reasonable effort to locate, contact and acknowledge rights holders and to correctly apply terms and conditions to Content.

Every effort has been made to trace the copyright of all the photographs. If there are unintentional omissions, please contact the publisher in writing at: info@soldiershop.com, who will correct all subsequent editions.

Our trademark: Luca Cristini Editore©, and the names of our series & brand: Soldiershop, Witness to war, Museum book, Bookmoon, Soldiers&Weapons, Battlefield, War in colour, Historical Biographies, Darwin's view, Fabula, Altrastoria, Italia Storica Ebook, Witness To History, Soldiers, Weapons & Uniforms, Storia etc. are herein © by Luca Cristini Editore.

LICENSES COMMONS

This book may utilize part of material marked with license creative commons 3.0 or 4.0 (CC BY 4.0), (CC BY-ND 4.0), (CC BY-SA 4.0) or (CC0 1.0). We give appropriate attribution credit and indicate if change were made in the acknowledgments field. Our WTW books series utilize only fonts licensed under the SIL Open Font License or other free use license.

For a complete list of Soldiershop titles please contact Luca Cristini Editore on our website: www.soldiershop.com or www.cristinieditore.com. E-mail: info@soldiershop.com

RINGRAZIAMENTI

Un ringraziamento particolare va a Massimiliano Afiero per l'aiuto fornito alla parte iconografica.

A Solete, la mia vita.
Ai miei genitori, Salud e Eduardo.
A Caco, Iñigo, Ibón e June.
A Merce e Ricardo.

BRESLAU 1945 l'ultimo bastione del Reich. di Nicola Borello - **CODE WTW-015**
Di Eduardo Manuel Gil Martínez. Traduzione dallo spagnolo di Anna Cristini
ISBN code: 97888932726214 Prima edizione Agosto 2020
Lingua: Italiano Nr. di immagini: 91 dimensione: 177,8x254mm Cover & Art Design: Luca S. Cristini

WITNESS TO WAR (SOLDIERSHOP) is a trademark of Luca Cristini Editore, via Orio, 35/4 - 24050 Zanica (BG) ITALY.

WITNESS TO WAR

BRESLAU 1945

L'ULTIMO BASTIONE DEL REICH

PHOTOS & IMAGES FROM WORLD WARTIME ARCHIVES

EDUARDO MANUEL GIL MARTÍNEZ

INDICE

PROLOGO..5

BRESLAU: LA FORTEZZA 7

DALLA VISTOLA ALL'ODER...19

TRUPPE A BRESLAU...27

COMINCIA L'ASSALTO...45

SI STRINGE IL CERCHIO..57

DOPO LA GUERRA..83

CONCLUSIONI...93

BIBLIOGRAFIA...98

Soldati della 309a Divisione di Fanteria dell'Armata Rossa nel bel mezzo di un attacco in una delle strade della città di Breslau. Possiamo vedere come il soldato in alto spara con una mitragliatrice Maxim M1910 da 7,62 mm e i due soldati in basso sono armati con mitragliette PPSh-41. Per gentile concessione di Massimiliano Afiero.

PROLOGO

Durante l'ultimo anno della Seconda Guerra Mondiale i tedeschi cercarono di fermare la potente Armata Rossa in molti combattimenti. Una di queste battaglie, non così nota come altre, fu quella che si svolse nei primi mesi del 1945 durante la difesa della città di Breslau. Per 82 giorni la città si difese in modo epico contro il trionfante esercito sovietico, resistendo più a lungo della capitale del Reich stesso.

Breslau fu costituita a mo' di fortezza nel 1944 per ordine di Hitler, che richiese venisse difesa fino all'ultimo metro, dando vita ad una serie di combattimenti, in gran parte nel tessuto urbano, il che conferì tinte assai drammatiche ai combattimenti che vi si tennero.

Lì, il potente esercito sovietico fu momentaneamente trattenuto per qualche mese, nonostante il "teorico" scarso valore di combattimento a priori della maggior parte delle truppe in difesa. Queste battaglie vennero combattute senza pietà e le atrocità si verificarono invariabilemnte in entrambe le parti durante tutto il tempo.

Approfittando della sua importante posizione strategica su entrambe le rive dell'Oder, e con diversi rami del fiume che attraversano la città, lo Stato Maggiore tedesco prese in considerazione la possibilità di utilizzarlo come guardia avanzata, o testa di ponte, per un futuro teorico contrattacco tedesco sulle terre della Slesia.

Nonostante la sua difficile situazione e alimentata solo per via aerea, trasformata in un'isoletta all'interno del territorio occupato dai sovietici, riuscì a resistere al blocco sovietico ancora di più di quanto non fece la stesa capitale Berlino. Per farlo, fu necessario moltiplicare in breve tempo gli uomini della sua guarnigione con i resti di altre unità, cui si aggiunsero vecchi e bambini del Volkssturm; e anche praticamente militarizzare tutta la popolazione civile rimasta fuori dall'ingresso del Volkssturm.

La storia dell'assedio che subì Breslau non conserva l'enfasi di molti altri scontri della Seconda Guerra Mondiale, né vi sono rapidi dispiegamenti di truppe o combattimenti con numerosi mezzi corazzati, ma è un chiaro esempio della tenace resistenza di alcuni soldati e della popolazione civile che, volontariamente o no, dovettero dare la vita, in molti casi, per difendere ogni centimetro della loro città anche quando tutto era già definitivamente perduto. La città era l'ultimo baluardo del Reich a est dello stesso, resistendo ai sovietici avrebbe fornito materia per lo spirito di resistenza disperato di quei giorni. Con la caduta della città, tutta la Bassa Slesia si trovò in mano sovietica prima e poi polacca, senza mai più appartenere alla Germania nonostante la forte germanizzazione della zona.

Il susseguirsi delle drammatiche e feroci battaglie che vi si svolsero durante quei pochi mesi e le sofferenze con cui la popolazione civile fu costretta a vivere, soprattutto donne e bambini piccoli, è ciò che racconteremo qui di seguito.

Purtroppo, a metà del XXI secolo, in altre battaglie e altri luoghi, questi fatti continuano a ripetersi e, come quasi sempre accade, è la popolazione civile che alla fine ne soffre di nuovo, indipendentemente dalla sua ideologia o dalla sua nazionalità.

▲ Cannonieri della 6a Armata sovietica sparano con un piccolo cannone da 45 mm contro un punto forte mantenuto dal nemico in una strada di Breslau. Per gentile concessione di Massimiliano Afiero.

BRESLAU: LA FORTEZZA

Anche se oggi non troviamo il suo nome sulle carte geografiche, la città di Breslau durante la Seconda Guerra Mondiale (SGM) ha avuto un ruolo di primo piano nella difesa del Reich tedesco durante gli ultimi mesi del conflitto in Europa.

Attualmente conosciuta come Breslau e appartenente alla Polonia, la città di Breslau (così è come viene chiamata in tedesco, ma la useremo nel testo perché è il modo più conosciuto per chiamarla durante questo periodo) era la principale città della Slesia sotto il dominio tedesco. Fondata nel X secolo sulle rive del fiume Oder dalla Boemia, divenne un'importante enclave commerciale grazie alla sua posizione privilegiata di crocevia tra l'Europa meridionale e la regione baltica.

Nel corso del XIV secolo appartenne (come il resto della Slesia) alla Polonia, per poi diventare, un paio di secoli dopo, un altro possedimento asburgico al centro dell'Europa e infine integrato nella nascente Prussia, che finirà per essere inclusa nell'Impero tedesco dopo l'unificazione del 1871. Fu in questo periodo prussiano che vennero realizzate molte opere e infrastrutture per fortificare la città, molte delle quali erano ancora in piedi nel 1944 e furono quindi riutilizzate a tale scopo. Dopo la Prima Guerra Mondiale, la Slesia fu spartita tra la Germania (con la maggior parte del territorio), la Polonia e la Cecoslovacchia.

Nonostante i secoli, la sua importanza persisteva, essendo una delle principali città tedesche del Reich. Negli anni immediatamente precedenti la guerra, Breslau divenne una delle principali roccaforti del nazionalsocialismo, che ricevette un numero significativo di voti alle elezioni del 1933. Di conseguenza, iniziarono movimenti antisemiti che portarono a persecuzioni, esecuzioni e incendi di sinagoghe nella famosa "Notte dei cristalli" del 9 novembre 1938.

Durante la guerra poi la città ebbe fortuna perché, essendo abbastanza lontana sia dal fronte orientale che dal raggio d'azione dei bombardieri alleati occidentali (fu bombardata solo una volta da loro), la tragedia della guerra non la danneggiò molto. Infatti, essendo una centro industriale importante (dato che nelle sue vicinanze si trovavano molte industrie che lavoravano per la macchina da guerra tedesca) ed essendo considerata una città abbastanza sicura, la sua popolazione crebbe fino a un milione nei mesi prima della fine della guerra (dalla popolazione prebellica di 625.000 abitanti), compresi molti lavoratori del governo del Reich che sarebbero stati più sicuri che in altre città.

Nonostante ciò, quella situazione privilegiata aveva i giorni contati, poiché nell'estate del 1944 la situazione tedesca passò da cattiva a disperata, ed era solo questione di tempo prima che il potente esercito sovietico si presentasse alle porte della città. La città cominciò a vedere la durezza della guerra personificata in migliaia di feriti che si ritiravano dal fronte per essere curati negli ospedali dell'interno della Germania. I combattimenti si stavano avvicinando sempre più e le forze armate potevano offrire poca resistenza alla grande ondata rossa in arrivo.

La prima volta che Breslau subì un attacco aereo fu nell'autunno del 1944, quando i bombardieri sovietici fecero la loro letale visita. Nonostante ciò, il danno fu di poca importanza, anche se il suo vero significato fu quello di indicare a tutti che gli avamposti dell'Armata Rossa, già sul fiume Vistola, sarebbero stati i prossimi a muoversi.

Il 24 agosto 1944, per ordine di Adolf Hitler, la città fu dichiarata fortezza ("Festung Breslau") che doveva essere difesa a tutti i costi senza possibilità di ritirarsi per i suoi difensori.

▲ Quattro genieri dell'Armata Rossa strisciano lungo una strada di Breslau distrutta, piena di macerie trasportando scatole di esplosivo, destinate a distruggere una punto forte della resistenza tedesca posto in un edificio.

▲ Un soldato sovietico in servizio di osservazione in un'area della città di Breslau da dove si vede la torre di Johannes Kirche sullo sfondo.

Come altre città dell'est, anch'esse designate come fortezze (Budapest, Kolberg, Küstrin, Königsberg e Danzica, tra le altre), Breslau sarebbe diventata un frangiflutti su cui si sarebbero concentrate ondate di truppe sovietiche e che, secondo Hitler, sarebbe riuscita a rallentarle e a dare il tempo di un'ulteriore risposta dell'esercito tedesco per interrompere completamente l'offensiva russa. Tra le altre ragioni per la creazione di queste fortezze, c'era l'incapacità tedesca di creare una vera e propria difesa in profondità sul fronte orientale, poiché la velocità con cui l'esercito sovietico aveva lanciato la sua offensiva superò tutte le previsioni.

In questo momento storico, la città era guidata militarmente dal tenente generale (Generalmajor) Johann Krause e politicamente (come tutta la Bassa Slesia) da Gauleiter Karl Hanke (grado che corrisponderebbe a quella del governatore politico della regione).

Anche la posizione geografica della città di Breslau era molto favorevole alla sua difesa, poiché si trovava nella valle dell'Oder e dei suoi affluenti. Inoltre, i suoi numerosi canali e le paludi a sud-est della città rendevano difficile l'accesso alla città alle unità corazzate e motorizzate.

Così, il comandante in capo designato della Fortezza, il tenente generale Johann Krause, si trovò di fronte al difficile compito di trasformare una città relativamente intatta in una fortezza. Anche se sulla carta l'idea di Hitler poteva avere delle valide ragioni, la realtà a Breslau era ben lontana dall'essere la stessa della teoria. La città aveva alcune difese e fortificazioni di epoche precedenti (soprattutto prussiane), oltre ad alcuni rari edifici costruiti con spessi strati di cemento. Su scala militare, aveva un solo battaglione di guarnigione (Standort Bataillon) e il 599° battaglione di difesa regionale (Landesschützen Bataillon 599°), Un raggruppamento del genio, una compagnia di trasmissione e alcune batterie di protezione dell'artiglieria. Molto poco per quello che veniva chiesto alla città: resistenza a tutti i costi.

Da parte sua, Hanke, un politico esperto e militante fin dall'inizio del partito nazista, avrebbe dovuto controllare solo aspetti pratici e non militari. La realtà però era molto diversa: essendo stato nominato Gauleiter nel 1941, i suoi tentacoli si erano infiltrati in tutti gli aspetti della vita civile e militare di Breslau. A ciò si aggiunge l'immenso sostegno che ogni sua azione ricevette da Berlino anche di fronte alla corrispondente potenza militare. Dal momento in cui Breslau sarà considerata una fortezza, la disputa che già esisteva tra il potere civile e quello militare non farà che crescere di giorno in giorno, con conseguenze tragiche. Le prime azioni di Hanke furono la mobilitazione della popolazione civile sia per partecipare al Volkssturm sia per svolgere ogni tipo di compito a sostegno del rafforzamento della città e della sua guarnigione. Ricordiamo che il Volkssturm (che può essere tradotto come "truppa del popolo") era l'esercito del popolo creato dal decreto del Führer del 25 settembre 1944, che stabiliva che tutti gli uomini di età compresa tra i 16 e i 60 anni in grado di impugnare un'arma sarebbero stati arruolati e integrati nel piano di difesa della patria contro l'avanzata dell'esercito sovietico a est, e delle truppe alleate occidentali a ovest e a sud.

I primi lavori di fortificazione della città erano iniziati già nel giugno 1944 (prima della designazione della funzione di Fortezza), anche se fu dopo l'ordine di Hitler che i progressi nei lavori di fortificazione iniziarono in modo imperioso. La costruzione di un doppio anello difensivo intorno alla città fu quindi avviata immediatamente e con urgenza (un terzo anello era stato inizialmente previsto, anche se la fretta con cui i compiti furono svolti lo rese impossibile), per cui la difesa iniziale della città si sarebbe situata a circa 15-20 chilometri oltre il centro di Breslau, con molte piccole fortificazioni, barricate, recinzioni metalliche, bunker o trincee anticarro in costruzione intorno alla città a complemento dei due anelli difensivi.

Le fortificazioni più lontane dalla città erano i cosiddetti "Hubertus", "d-1" e "d-2" a circa 40-60 chilometri da Breslau o il "Barthold" a circa 20-25 chilometri, il cui scopo sarebbe stato quello di impedire il fuoco diretto sulla città. Tuttavia queste postazioni fortificate alla fine si rilevarono piccoli ostacoli di fronte all'avanzata sovietica, e non riuscirono mai a diventare un vero e proprio anello di difesa.

Ricordiamo che durante il periodo napoleonico la città disponeva anche di numerose fortificazioni che furono riabilitate in modo da poter essere riutilizzate durante la Seconda Guerra Mondiale. Sfruttando al meglio ciò che la città aveva da offrire, fu utilizzato anche il terrapieno ferroviario (attraversava la città da est a ovest e poi saliva verso nord), che sarebbe diventato un ostacolo molto difficile da superare, soprattutto per i veicoli corazzati e le unità motorizzate. Si ritiene anche, secondo la fonte consultata (Solarz), che molto probabilmente lungo questo terrapieno siano stati installati otto "Pantherturm" (torrette di carri armati incassati nel terreno che fungevano da posizione di artiglieria statica per la difesa) per potenziare l'azione difensiva di una tale zona.

Le barricate che si costruirono furono realizzate con resti di edifici, con tram incrociati o con tutto ciò che si trovava in città adatto allo scopo. Ma per questo enorme compito, sia dell'anello difensivo più vicino alla città che in quello più lontano, fu impossibile ricorrere alle truppe regolari incaricate di compiti propriamente militari, per cui fu necessario reclutare migliaia di persone per svolgere questi lavori (soprattutto lavoratori forzati, donne, bambini e anziani) nello stesso momento in cui si mobilitarono nuove truppe per unirsi alla guarnigione di cui già disponeva la città. Per favorire il rapido avanzamento dei lavori, il Gauleiter Hanke, in un discorso tenuto il 5 settembre 1944, chiese l'introduzione di un orario di lavoro di 10 ore per la popolazione civile; inoltre, fu sospeso qualsiasi tipo di permesso.

La difesa della Fortezza non consisteva solo nella costruzione d'infrastrutture come ci si poteva aspettare all'inizio, ma in molti casi fu il contrario, poiché molte aree di abitazioni furono demolite per impedirne l'uso da parte dei sovietici, fornendo al contempo maggiori ostacoli al loro avanzamento e consentendo una migliore portata per i difensori. A tal proposito possiamo ricordare l'ordine del Gauleiter Hanke di demolire intere file di edifici nella Götenstrasse o Sadowastrasse, creando aree che fungevano da vere e proprie "terre di nessuno", molto adatte a tendere imboscate al nemico. Almeno 40 dei 66 ponti della città vennero inizialmente minati e sorvegliati da truppe regolari e poi presi in consegna dalle unità del Volkssturm.

Dobbiamo quindi considerare che la Fortezza comprendeva non solo la città di Breslau, ma anche zone più periferiche come l'aeroporto e il vicino sobborgo di Kosel, altre aree più periferiche e qualche polo industriale. In particolare l'aeroporto che si trovava nella parte occidentale della città divenne un punto strategicamente necessario per mantenere la resistenza della città, grazie ai rifornimenti che sarebbero stati ricevuti attraverso di esso.

Oltre alla precedente rete difensiva, c'erano innumerevoli rifugi antiaerei che punteggiavano la città e furono implementati con nuovi bunker e protezioni varie dopo l'ordine di convertirla in una "fortezza". Alcuni di essi erano di grandi dimensioni, il che permise l'inclusione degli ospedali in essi. Un esempio di questi rifugi era quello situato sotto la stazione centrale di Breslau, di cui oggi rimangono ancora dei resti. La stazione conosciuta come Breslau Hauptbahnhof venne costruita vicino al centro della città ed era la stazione principale di tutta la Bassa Slesia. I principali rifugi antiaerei della città erano i bunker Elbingstrasse, Fritz Geisler, Hanke e Striegauer-Platz, ognuno dei quali aveva un piccolo ospedale militare (Lazarett) e richiedeva un permesso per l'uso da parte della popolazione civile.

Come curiosità, nonostante la criticità della situazione, all'interno della Fortezza c'erano ancora servizi pubblici che mantenevano il loro funzionamento entro i limiti logici che l'assedio poteva imporre. Ad esempio, i vigili del fuoco di Breslau, con circa 600 uomini e 44 pompe per l'acqua, continuarono a svolgere il loro compito quasi fino alla fine. O come i battaglioni che, all'interno del Volkssturm, si fecero carico, sotto il fuoco nemico, dei compiti di riparazione di ponti, demolizione di edifici, riparazione di forniture di gas, acqua o elettricità, ecc.

Dal punto di vista sanitario, si crearono diversi ospedali da campo per civili e militari, tutti sotto il comando del dottor Mehling. Questi ospedali furono allestiti nei sotterranei di case ed edifici pubblici o in rifugi, e sebbene l'obiettivo fosse quello di mantenere buone condizioni per i feriti e gli ammalati, la carenza di materiali e le cattive condizioni igieniche divennero presto evidenti.

L'importante industria FAMO (Fahrzeug und Motorenwerke Breslau Gmbh), sebbene abbia dovuto rinunciare quasi completamente alla produzione di veicoli corazzati, come durante la guerra, servì come centro di riparazione per i pochi veicoli corazzati della città. È qui che venne progettato e costruito un veicolo blindato con tutto il possibile, noto come Eisenbahnpanzerzug Pörsel (a volte anche scritto come Poersel), che commenteremo brevemente in altre parti del testo. Altri aspetti curiosi del mantenimento della vita quotidiana a Breslau erano offerti dalla fabbrica Aviatik, dall'ufficio postale o dal teatro. Aviatik si occupava della produzione di sigari, raggiungendo le 600.000 unità al giorno; un fatto che fu accolto molto bene dai difensori. D'altra parte, l'Ufficio Postale restava incluso al resto del Reich grazie al ponte aereo che venne mantenuto fino alla perdita dell'aeroporto di Gandau e dopo, con il lancio delle lettere con il paracadute. Nel caso del Teatro, va ricordato che durante l'assedio venne persino organizzato un concerto. Era necessario che il morale all'interno della città fosse il più alto possibile, così Hanke si occupò anche di questi aspetti (nonostante sfruttasse completamente la popolazione).

Come abbiamo commentato prima, a parte le poche unità puramente militari, le truppe che potevano essere reclutate in questa fase del conflitto (a causa della debacle permanente delle truppe tedesche su tutti i fronti che chiedevano fino all'ultimo soldato disponibile) dovevano essere costituite da una serie di unità che includessero molti ragazzi della Gioventù hitleriana (JH) o membri anziani del Volkssturm. Naturalmente, l'armamento a disposizione doveva essere altrettanto variegato quanto gli uomini della guarnigione di Breslau (gran parte del quale proveniva dal bottino di guerra ottenuto nelle precedenti campagne in Jugoslavia, Polonia o URSS).

▲ Le truppe sovietiche distribuiscono il pane ai civili dopo i combattimenti nella città fortezza di Breslau. La fotografia è stata scattata dal servizio di propaganda sovietica. Si può vedere come alcuni dei ragazzi indossino ancora la divisa della Gioventù Hitleriana.

▲ Diversi cadaveri di soldati tedeschi in una strada di Breslau. La lotta per difendere la città è stata atroce.

▲ Due soldati sovietici sparano da una casa con un fucile anticarro Simonov 1941 contro il nemico per le strade di Breslau.

▼ Un paio di soldati dell'Armata Rossa sparano con i loro mitragliatori PPSh-41 in una strada di Breslau nel tentativo di sconfiggere i difensori tedeschi.

▲ Un piccolo gruppo di soldati sovietici riceve l'ordine di prendere posizione in una strada distrutta di Breslau, forse Gutenberg Strasse. Al centro dell'immagine si vede un obice M-30 da 122 mm.

▲ La battaglia per la cattura di Breslau è finita e molti degli oggetti dei difensori tedeschi, come elmetti, scatole di maschere antigas, scatole di munizioni, ecc. si accumulano per le strade dopo essere stati catturati dai sovietici.

▼ Un piccolo gruppo di soldati sovietici respinge il nemico in una delle strade di Breslau, dove il combattimento corpo a corpo ha avuto luogo in numerose occasioni. I soldati sono armati con l'onnipresente mitragliatrice PPSh-41 e, nel caso del soldato al centro della foto, si vede che porta con sé una Stielhandgranate 24 catturata dai tedeschi.

▲ Immagine tratta da un filmato dell'epoca che mostra il Gauleiter Hanke in visita ai lavori di costruzione delle barricate nelle strade di Breslau mentre intervista un capo militare.

▼ Membri del Volkssturm in abiti civili, armati di panzerfaust e fucili. Bundesarchiv.

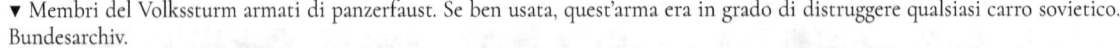

▲ Due membri del Volkssturm sparano con una mitragliatrice MG 34 in Slesia nel febbraio 1945. Per la difesa di Breslau sono stati attivati 38 battaglioni del Volkssturm; ogni battaglione contava circa 400 uomini. Bundesarchiv.

▼ Membri del Volkssturm armati di panzerfaust. Se ben usata, quest'arma era in grado di distruggere qualsiasi carro sovietico. Bundesarchiv.

DALLA VISTOLA ALL'ODER

Quando alla fine del settembre 1944 il generale Krause ispezionò per la prima volta la città, in vista della sua trasformazione in fortezza, fu in grado di verificare le carenze della città sotto molti aspetti, quali: assenza di rifugi antiaerei o di ospedali per i combattenti, scarso materiale logistico, carenza cronica di armi e munizioni, ecc. Ovviamente nessuno aveva mai pensato prima che Breslau sarebbe finita in prima linea contro i sovietici. Tuttavia questo panorama avrebbe potuto essere, se non migliorato, in qualche modo attenuato dalla fornitura di tutti i materiali necessari dal Reich, mandati da un ponte aereo.

I preparativi per trasformare la città in una fortezza comprendevano anche l'aspetto logistico, così si cominciò a creare una grande riserva alimentare. Poiché tutto venne organizzato tenendo la popolazione all'oscuro, il caso del trasferimento del bestiame al mattatoio municipale per le strade della città, creò certo caos. La stessa popolazione civile della città venne esortata, domenica 14 gennaio, a consegnare ogni tipo di materiale che potesse essere utilizzato dagli uomini del presidio: vestiti, cappelli, tessuti, uniformi, scarpe, ecc. Era solo l'inizio delle difficoltà che avrebbero avuto da quel momento in poi.

Dopo l'inizio dell'offensiva sovietica, il 12 gennaio 1945, iniziarono frequenti bombardamenti su Breslau da parte di aerei dell'aviazione sovietica (VVS), i cui obiettivi erano principalmente centri di comunicazione e installazioni militari, anche se come si può ragionevolmente prevedere, causarono numerose vittime tra la popolazione civile. Il bombardamento di Breslau rimase quasi ininterrotto durante l'assedio e consisteva in centinaia di aerei in diverse ondate che causavano ancora più caos e distruzione laddove sganciavano i loro carichi mortali. La Luftwaffe, dal canto suo, poteva fare poco, anche se il suo sforzo permise l'abbattimento di non pochi aerei russi, a parte i veicoli terrestri, così come la distruzione dei ponti sull'Oder, che non fu trascurabile date le circostanze. La data del 12 gennaio non era una coincidenza, poiché in quello stesso giorno l'esercito sovietico personalizzato nel 1° Fronte Ucraino (al comando del maresciallo Ivan S. Koniev) lanciò una grande offensiva verso ovest dalle loro teste di ponte sulla Vistola (principalmente da quella di Sandomierz), entrando nelle terre prussiane orientali e naturalmente ricevette un importante supporto aereo che permise di distruggere letteralmente le deboli linee difensive tedesche. Solo un giorno dopo fu la volta del 3° Fronte bielorusso del generale Chernyakhosky, e il 14 gennaio fu la volta del 1° Fronte bielorusso del maresciallo Zhukov e del 2° Fronte bielorusso del maresciallo Rokossovsky (quest'ultimo dalle rispettive teste di ponte sui fiumi Vistola e Narew) di passare all'offensiva. Le ultime truppe che si aggiunsero a questo grande attacco sovietico su larga scala furono gli uomini del 4° Fronte Ucraino del generale Petrov il 15 gennaio. Questa grande offensiva sovietica faceva parte del patto con gli alleati occidentali di dividere lo sforzo militare tedesco dopo la loro offensiva nelle Ardenne all'inizio del 1945. Nella zona corrispondente alla Slesia, di fronte agli 11 eserciti che Koniev aveva, solo 10 divisioni ridotte appartenenti alla 4ª armata Panzer al comando del generale Fritz-Hubert Gräser potevano opporsi. Il rapporto tra la quantità, la qualità e il morale delle truppe era di gran lunga a favore dei sovietici.

Alle tre del mattino di quello stesso 12 gennaio, le unità tedesche in prima linea sulla Vistola ricevettero un intenso bombardamento di artiglieria di oltre 20 minuti che abbatté le prime difese. Il momento di confusione tedesco venne sfruttato dalle unità d'avanguardia russe che catturarono quelle posizioni. Dopo di che, verso le 10.30, cadde una nuova pioggia di fuoco d'artiglieria di lunga durata, questa volta sulle più profonde linee difensive tedesche, evitando così ogni possibilità di reale resistenza contro le unità corazzate che in due ondate irruppero in Slesia seguite dalla loro fanteria, organizzata in tre fasi. Alla fine della giornata, nonostante la perdita di circa 200 carri armati, l'esercito russo raggiunse una penetrazione superiore al previsto, che in alcuni punti era di circa 15-20 chilometri. E la cosa più vantaggiosa per i sovietici fu lo stato deplorevole in cui erano rimaste le linee di difesa tedesche, cosa che avrebbe permesso, nei giorni successivi, un progresso maggiore.

Il 17 gennaio il generale Johann Friedrich Krause, riconoscendo la complicata situazione, ordinò ai riservisti di prepararsi ad un eventuale intervento raggruppandoli nei quattro reggimenti creati per la difesa della Fortezza (il quinto reggimento, il Mohr, sarà formato a febbraio solo pochi giorni dopo). Molti degli uomini furono semplicemente reclutati ai posti di blocco esistenti sui ponti sull'Oder o nelle strade della città. Contemporaneamente alla figura militare rappresentata dal generale Krause, c'era la figura politica del Gauleiter Hanke. La sua presenza e la sua crescente importanza all'interno della città motivarono molte delle atroci conseguenze che la guerra avrebbe portato agli abitanti di Breslau. Vista la situazione disperata, Krause insistette sulla necessità urgente di evacuare tutti i civili che non erano in grado di difendere la Fortezza (aveva già proposto a dicembre di evacuare i civili dalla città come misura preventiva, ma il Gauleiter Hanke rifiutò di permettere un'azione così disfattista). Inoltre Hanke, in uno dei suoi proclami, ordinò a tutti gli abitanti di rimanere all'interno della città, annullando così la possibilità di evacuare a Breslau migliaia di civili che dovettero quindi subire i rigori della guerra sulla propria pelle. Intorno al 14 gennaio (dopo i primi raid aerei e l'inizio dell'offensiva sovietica), migliaia di cittadini di Breslau cercarono con ogni mezzo di evacuare la città su rotaie o su strada, ma Hanke proibì loro espressamente di farlo. Infatti, fu solo il 19 gennaio 1945 che il Gauleiter Karl Hanke acconsentì finalmente a tale evacuazione, nonostante le ormai scarse probabilità di successo in quella fase del combattimento nella Fortezza; e questa evacuazione sarebbe stata fatta in gruppi selezionati di persone che avrebbero marciato uno dopo l'altro (in linea di principio solo gli uomini in grado di brandire un'arma sarebbero rimasti in città, anche se, come vedremo, questo sostanzialmente non avvenne).

Le principali vie di evacuazione erano già state colpite pesantemente dai sovietici, questo fatto insieme alle bassissime temperature (15º sotto lo zero) accompagnate da un vento gelido, la neve alta più di mezzo metro in alcune zone e l'immenso disordine nel processo di evacuazione, causarono la morte di migliaia di civili durante questa disastrosa fuga verso la libertà.

La stragrande maggioranza di queste orde di rifugiati erano donne con i loro figli a piedi. Si stima che circa 60.000 di loro abbiano evacuato la città principalmente a piedi nel gennaio 1945 per ordine dei Gauleiter, di cui almeno 18.000 avrebbero perso la vita tra le madri con i loro figli. La direzione che seguirono nell'evacuazione fu Kanth, a circa 25 chilometri a sud-ovest. Questo macabro evento venne giustamente chiamato la "marcia della morte delle madri di Breslau" o la "marcia della morte verso Kanth". Se l'evacuazione fosse stata organizzata prima e più accuratamente, migliaia di civili innocenti non sarebbero morti e l'obiettivo dei capi nazisti nella città di evacuare circa 600.000 persone sarebbe stato probabilmente raggiunto.

Alcuni di coloro che riuscirono a sopravvivere a questa evacuazione si diressero verso la città di Dresda, dove la notte del 14 febbraio finirono per essere spazzati via dal massiccio bombardamento della città, che fu praticamente distrutta. La tragedia si svolse anche nel caos della stazione ferroviaria principale o della stazione di Freiburger, dove molti civili furono uccisi nel tentativo di evacuare, tra cui molti bambini con le loro madri. Poiché i treni militari, del carbone e del cibo avevano la priorità su quelli dei rifugiati da evacuare, solo pochi treni riuscirono a dirigersi a ovest verso l'interno del Reich; e presto Breslau sarebbe stata completamente circondata. È certamente molto difficile sapere quante persone furono evacuate dalla città e quante vi rimasero, poiché le varie fonti consultate mostrano cifre molto diverse.

Le notizie disastrose di coloro che avevano tentato di evacuare la città portarono molti abitanti di Breslau a decidere di rimanere in città e di stare nelle loro case, rassegnandosi al proprio destino.

In ogni caso, rimanevano poche opzioni, perché il 15 la recinzione di Breslau venne chiusa e quindi l'evacuazione poteva essere fatta solo per via aerea e con grande difficoltà. Almeno l'aspetto logistico era stato gestito bene e c'erano migliaia di tonnellate di rifornimenti immagazzinati in città.

Un altro gruppo di persone a cui non fu permesso di tentare l'evacuazione erano tutte le donne che, non avendo alcuna preparazione in materia vennero addestrate a svolgere lavori di difesa nella fascia d'età compresa tra i 16 e i 60 anni.

Intanto la situazione diventava sempre più critica di giorno in giorno, poiché l'esercito sovietico si dimostrava inarrestabile. In una sola settimana (19 gennaio) passarono dalle loro teste di ponte sulla Vistola al fiume Oder (in quella settimana percorsero tra i 100 e i 200 km, a seconda della zona). Lo stesso 19 gennaio i tedeschi rafforzarono alcune zone del loro perimetro difensivo installando degli obici da campo. La città si stava preparando all'imminente arrivo dei russi, come mostra questo estratto del diario di un combattente a Breslau:

"Sabato 20 gennaio 1945. In città vengono adottate misure di sicurezza. Gli uomini del Volkssturm, armati di Panzerfaust, sono in strada. Per diversi giorni colonne di fuggitivi hanno attraversato la città. Intere famiglie si muovono sotto il freddo gelido, con carri e cavalli, carretti a mano e persino carrozzine per bambini. L'ordine di evacuazione di Barthelm e Bischofswalde viene ricevuto; tutti coloro che non hanno una missione precisa devono partire entro lunedì alle nove e mezza. Contrariamente all'ordine, molti decidono di restare".

Il 21 gennaio, molti dei muri crollati delle case di Breslau apparvero con un chiaro messaggio per chiamare in battaglia gli uomini rimasti in città. Non bastava più resistere nelle loro case, ora dovevano prendere le armi e se non era possibile, sostenere le unità di combattimento.

Un editto emesso in quei giorni diceva:

Uomini di Breslau,

La capitale del nostro distretto, Breslau, è stata dichiarata Fortezza. L'evacuazione di donne e bambini è iniziata e sarà completata a breve. Confido che il leader amministrativo del Distretto manterrà il benessere della popolazione durante questo compito. Sarà fatto ogni sforzo per prendersi cura dei bambini e delle donne.

Il nostro compito come uomini è quello di fare tutto il necessario per sostenere le truppe in combattimento. Invito gli uomini di Breslau a partecipare al fronte difensivo della città. La Fortezza sarà difesa per quanto possibile.

Un uomo che non può usare le sue armi deve contribuire al sostegno, mantenendo l'ordine al limite delle sue forze. Gli uomini del Volkssturm della Bassa Slesia che hanno combattuto con successo contro i carri armati sovietici ai confini del nostro distretto hanno dimostrato di essere in grado di difendere la nostra Patria fino all'ultimo uomo. Non possiamo deluderli.

Breslau, 21 gennaio 1945

Forse a questo punto della guerra, la popolazione effettiva di Breslau che ricevette tale editto superava le 500/600.000 persone, contando le migliaia di profughi che avevano terminato il loro esodo nella città slesiana e i militari. Questi rifugiati erano in gran parte concentrati nelle zone più occidentali della città. I membri del Volkssturm, per quanto Hanke si fosse fatto illusioni su di loro, in genere non erano altro che unità di scarso valore militare offensivo, anche se molto di più nell'aspetto difensivo. Era composto da uomini anziani accompagnati da ragazzi di 16-17 anni della Gioventù hitleriana, in molti casi sotto il comando di veterani militari della prima guerra mondiale. Piccole pattuglie di ronda si aggiravano per tutte le zone della città, uccidendo i civili pubblicamente pessimisti e naturalmente i disertori del fronte, sotto il nome "politicamente corretto" di esecuzione sommaria. Il terrore correva per le strade di Breslau sia dentro che fuori, e il dubbio per i cittadini era da chi sarebbero stati uccisi: se dai russi o dai loro stessi connazionali.

L'editto creò evidentemente un doppio effetto, poiché da un lato c'erano molti uomini che, per loro desiderio o meno, si unirono alla rete difensiva della città; ma d'altra parte fu la dimostrazione che tutto era perduto e che la sconfitta era imminente.

Gli uomini del Volkssturm vennero indicati come i salvatori, e non si parlò delle truppe un tempo vittoriose della Wehrmacht o delle Waffen SS. Per far fronte a questa situazione, il disfattismo fu ufficialmente punito con la morte. Non si poteva permettere che lo scoraggiamento si diffondesse (almeno visibilmente) tra i difensori della Fortezza, e molti finirono appesi a lampioni ancora in piedi in città o fucilati un pò ovunque. Questo accadde al sindaco in carica Dr. Wolfgang Spielhagen, che, essendo considerato un disfattista, fu fucilato sulla piazza principale il 28 gennaio davanti al municipio storico. Questo assassinio non fu una sorpresa, poiché Hanke e Spielhagen si erano già scontrati più volte negli anni precedenti (il sindaco rifiutò fin dall'inizio che la città potesse essere trasformata in una fortezza) e Hanke non si lasciò sfuggire l'occasione di eliminarlo.

L'insistenza per l'evacuazione della città dalla popolazione civile malconcia era ancora in atto, consentendo un certo sollievo dalla decisione di molte persone di rimanere a Breslau. Tale fu l'insistenza che un ordine venne addirittura emanato dal comando del gruppo di armate "Centro" in cui appoggiò gli ordini del Gauleiter Hanke, dicendo: "Tutte le donne sotto i 40 anni e i bambini devono lasciare la città, d'accordo con il Commissario alla Difesa del Terzo Reich, a partire dalla mattina del 1° febbraio".

▲ La fotografia aerea dell'aeroporto di Breslau scattata nel 1937, che si trovava nella parte occidentale della città, divenne un punto strategicamente importante per mantenere la resistenza della città grazie ai rifornimenti che sarebbero stati ricevuti lì.

Ma il controllo di Hanke sulla sua popolazione andò ben oltre, arrivando anche a perseguire persino il numero di clero e di religiosi che potevano operare in città, a causa della loro ascendenza sulla popolazione. In questo modo solo 35 sacerdoti cattolici e 9 pastori evangelici poterono continuare la loro opera. D'altra parte, permise di evacuare parte dell'apparato burocratico del Gau della Bassa Slesia a Breslau in zone meno esposte come Hirschberg o Waldenburg. La decisione di Hanke fu presa e fu ben definita in una conversazione che ebbe con Albert Speer (ministro delle armi del Reich) negli ultimi giorni di gennaio o all'inizio di febbraio del 1945, in cui disse che prima di vedere la città cadere nelle mani dell'Armata Rossa, l'avrebbe bruciata lui stesso. Chiunque non avesse la documentazione adeguata e cercasse di fuggire dalla città o semplicemente non rispettasse le norme in vigore in città, veniva punito severamente. Durante la durata dell'assedio, a Kletschkaustrasse vennero eseguite almeno 264 esecuzioni con l'accusa di sabotaggio e/o vigliaccheria. Ma naturalmente non è difficile immaginare che il numero fosse molto più alto in tutta la Fortezza.

Contemporaneamente all'interferenza di Gauleiter nella difesa della città, il generale Krause aveva anche migliorato le possibilità difensive di Breslau contro i sovietici. Approfittando del poco tempo a sua disposizione (e favorito dal fatto che Breslau non era stata ancora investita dall'avanguardia sovietica) riuscì a mettere in piedi una serie di unità strutturate attorno a diversi reggimenti che avrebbero preso il nome del loro comandante in capo. Durante tutto il periodo dell'assedio, si dovette procedere a una ristrutturazione e si aggiunsero anche altre unità, come ad esempio due battaglioni paracadutisti. Di seguito è riportato un resoconto delle varie unità di difesa di Breslau, dei loro quadri e della zona in cui combatterono principalmente, per tutta la durata dell'assedio.

▲ Soldati tedeschi con una mitragliatrice MG 42 di stanza sulle rive del fiume Oder nel febbraio 1945; la vulnerabilità della posizione è evidente. Bundesarchiv.

▲ Titolo del *Diario della Slesia*, edizione speciale "The Front Diary of the Festung Breslau", che offre istruzioni grafiche su come maneggiare il panzerfaust: si toglie la sicura, si alza il mirino, si rimette la sicura, si cerca il bersaglio, si toglie di nuovo la sicura e si spara il colpo.

▼ Cannone controcarro PaK 40 da 7,5 trainato da un semicingolato SdKfz.10. Foto scattata durante lo spiegamento delle truppe a Breslau. Bundesarchiv.

▲ Il Gauleiter Hanke durante una cerimonia nel febbraio 1945 in occasione del giuramento di fedeltà dei nuovi battaglioni Volkssturm formatisi con gli abitanti di Breslau. Bundesarchiv.

▲ A Sin. Annuncio rivolto alle donne di qualsiasi età e agli uomini di età inferiore ai 16 e superiore ai 60 anni, che chiede loro di lasciare la città. A dx. La guarnigione della fortezza di Breslau, sebbene teoricamente sotto il controllo del generale Ferdinand Schörner, era in realtà sotto un comando militare e politico all'interno della città stessa; da un lato il Gauleiter della Bassa Slesia Hanke e dall'altro il generale Krause della Wehrmacht. Bundesarchiv.

▼ La delegazione tedesca, accompagnata da ufficiali sovietici e preceduta da bandiera bianca, passa attraverso un checkpoint dell'Armata Rossa. Per gentile concessione di Massimiliano Afiero.

TRUPPE A BRESLAU

La guarnigione della fortezza di Breslau, anche se teoricamente sotto il controllo del capo del gruppo d'armata "A" (poi "Centro" o "Mitte" in tedesco), il generale Ferdinand Schörner, passò in realtà sotto un comando militare e politico all'interno della città stessa; da un lato il Gauleiter della Bassa Slesia Hanke e dall'altro il generale Krause della Wehrmacht. Il rapporto tra loro, come sappiamo, non fu mai buono, poiché l'uomo militare si scontrò con l'intransigenza di Hanke; ma il sostegno che Berlino diede al politico durante l'assedio prese alla fine il controllo effettivo delle difese della città. Grazie al Gauleiter, Krause fu rimosso dal suo incarico e sostituito alla fine del gennaio 1945 dal generale maggiore von Ahlfen, che all'inizio di marzo fu a sua volta sostituito dal generale Niehoff.

Subito dopo la dichiarazione della città di Breslau come "fortezza", la sua guarnigione, come già detto, consisteva di alcune unità statiche come il 599° Battaglione a cui dovevano essere aggiunte le batterie della fortezza 3048°, 3049°, 3075°, 3076°, 3081° e 3082°. Tuttavia, fu necessario aumentare il numero delle unità incaricate della difesa della piazza e a questo scopo furono reclutati uomini da tutti i posti possibili. Questi uomini si rivelarono essere un'amalgama di unità già formate e altre create "ad hoc" anche se, grazie al rifornimento aereo che fu mantenuto quasi fino all'ultimo momento, alcune truppe di rinforzo sarebbero venute a rinforzarli nonostante l'incerto finale che il loro destino avrebbe avuto. Queste unità, create per l'occasione durante l'ultimo periodo del conflitto in Europa, erano composte da uomini provenienti dalle più svariate unità militari, sia di riserva che di addestramento e dai resti di formazioni da combattimento che si erano disorganizzate dopo la ritirata o, nel peggiore dei casi, erano state praticamente annientate nei combattimenti al fronte. Dopo essere stati assemblati, furono reintegrati in nuove unità pronte a tornare a combattere e, sebbene il loro valore fosse ovviamente tutt'altro che garantito, in molti casi si dimostrarono validi elementi fino all'ultimo momento. I reggimenti principali della Fortezza da metà gennaio erano i: Besslein, Wehl, Sauer e Hanf, che sarebbero stati raggiunti all'inizio di febbraio dal Mohr.

Va infine ricordato, che le truppe regolari della Wehrmacht parteciparono in numero molto ridotto alla difesa della grande città della Slesia.

Tra le unità principali vi erano la 609a General P. Division, alcuni elementi della 269a divisione di fanteria (Volksgrenadier Division), piccole unità di scuole militari o di riserva basate a Breslau, il Reggimento SS "Besslein", fino a 38 battaglioni del Volkssturm (con circa 400 uomini per battaglione), truppe della "Gioventù hitleriana", truppe della polizia, truppe di terra della Luftwaffe e in generale uomini provenienti dalle unità distrutte sul fronte orientale. Solo negli ultimi giorni alcuni paracadutisti riuscirono ad accedere alla città assediata, ma la situazione era già insostenibile in questa fase dell'assedio. E anche se la cifra è discutibile, si stima che il presidio sarebbe stato tra i 50.000 e gli 80.000 uomini, forse per il fatto che durante l'assedio c'erano molte "reclute" tra la popolazione civile, molte delle quali, come abbiamo visto, non erano uomini addestrati in unità da combattimento. Una questione a parte è l'armamento che questi uomini hanno avuto a disposizione, sicuramente scarso e molto eterogeneo poiché proveniente da innumerevoli fonti, come vedremo più avanti.

La durata dell'assedio portò alla disponibilità di un'ampia varietà di armi per consentire agli uomini della guarnigione di continuare a combattere.

Dal momento in cui giunse l'ordine di trasformare Breslau in una fortezza, tutti i tipi di

▲ Immagine del municipio di Breslau nel 1900. La città vecchia era circondata da mura.

▼ La firma della resa è stata firmata il 6 maggio alle 18:20 dal generale Hermann Niehoff e Gluzdowski, capo della 6a armata sovietica a Villa Colonia, allora sede del quartier generale del comando sovietico a Breslau.

armi pesanti cominciarono ad essere riuniti il più possibile. Si formarono così 32 batterie di artiglieria, equipaggiate con una miscela di cannoni italiani, jugoslavi, polacchi e sovietici provenienti dal bottino di guerra che il Reich aveva conquistato. In alcuni casi non c'erano armi sufficienti per mantenere queste batterie in uso per lungo tempo, ma qualsiasi cannone, per quanto scarse fossero le munizioni disponibili, era vitale a quel tempo. A gennaio arrivarono due batterie di cannoni da 75 mm (Pak 40) e 18 cannoni da 88 mm (Flak 36), che presto diedero una buona idea della loro efficacia nella difesa stradale contro i veicoli corazzati sovietici.

Per quanto riguarda le formazioni corazzate, esse non nacquero in quanto tali a Breslau, poiché nessuna unità del Fronte orientale fu incaricata della difesa della città, che si trovava già in una situazione troppo critica per immobilizzarle nella sua difesa. Nonostante ciò, alcuni cannoni semoventi e alcuni carri armati finirono in difesa della *Festung*, come si dirà più avanti.

Nel gennaio 1945 fu ricevuto un contributo corazzato molto particolare, poiché mezzo centinaio dei piccoli carri da demolizione Golia erano destinati a Breslau.

Come abbiamo appreso, l'approvvigionamento delle truppe tedesche assediate venne mantenuto quasi fino alla fine grazie allo sforzo titanico delle unità di trasporto della Luftwaffe guidate dal loro vecchio ma affidabile Ju-52/3m.

Durante i pochi mesi di esistenza della "Festung Breslau", il comando militare cambiò tre volte. Come ricordato il primo fu il generale maggiore Johannes Friedrich Krause che, dal 25 settembre al 3 febbraio, trasformò la città in una "fortezza" e ne diresse la difesa nel modo più soddisfacente possibile. I suoi uomini di fiducia erano l'hauptmann Erdmann come secondo e l'hauptmann Pelzeder come capo artiglieria.

Dal 3 febbraio, dopo Krause, il colonnello (poi Generalmajor) Hans von Ahlfen divenne il nuovo comandante militare della guarnigione. Fu durante il mandato di von Ahlfen che furono preparati 40 ponti sull'Oder, o sui canali sopra di esso, per l'immediata detonazione. Questo per impedire il più possibile l'avanzata sovietica, se necessario. Tuttavia, il mandato di von Ahlfen durò solo poco più di un mese, poiché il 7 marzo il venne sostituito con il generale della fanteria Hermann Niehoff. Il secondo in comando in entrambi i casi era il tenente colonnello Kurt Tiesler.

La protezione dell'area di Breslau era assicurata da due divisioni di fanteria della Wehrmacht, la 17ª dal fronte della Vistola e la 269ª dal fronte occidentale, sebbene la drammatica situazione sul fronte abbia poi causato il ritiro di entrambe le unità dalla zona prima di essere circondate dalle unità avanzate dell'Armata Rossa. Fu tra il 13 e il 14 febbraio 1945 che esse riuscirono a ritirarsi lasciando il terreno completamente libero ai russi permettendo loro di circondare completamente Breslau tra il 14 e il 15 dello stesso mese.

Dopo questi eventi, la protezione della Fortezza passò nelle mani degli uomini della sua guarnigione e degli armamenti che erano riusciti a raccogliere. Anche se grazie al supporto delle unità di trasporto della Luftwaffe, Breslau avrebbe continuato a ricevere materiale e uomini di rinforzo fino a quasi gli ultimi giorni del combattimento per mezzo di un ponte aereo che all'inizio passava attraverso l'atterraggio degli aerei all'aeroporto, e dopo la perdita di questo, il materiale venne inviato con il paracadute.

Le unità principali responsabili della difesa della città fin dal primo giorno dell'assedio furono i reggimenti: Besslei, Mohr, Hanf, Wehl, Sauer e la 609ª Divisione. Molte delle unità che nomineremo furono "completate" con uomini e ragazzi del Volkssturm, quindi il loro valore militare in molte situazioni era inferiore a quello che ci si potrebbe aspettare nominalmente. Ora elencheremo le unità principali che scrissero col sangue il proprio nome in questo capitolo del libro. Tra parentesi si indica il nome del capo unità quando conosciuto.

Truppe del Comandante in capo della piazza:
Sotto il diretto controllo del comando della Fortezza, c'erano alcune variegate unità, di cui abbiamo messo tra parentesi il nome del loro capo:

- Battaglione del Comando di Breslau (guidato da Rothenbacher),
- Un battaglione di riserva (Folz),
- Tre compagnie di riserva (von Öttinger),
- Un battaglione di riserva di cadetti ufficiali, composto da diciassettenni.
- Un battaglione di servizio (Hauptmann Keller),
- Due battaglioni di rifornimento (Vogler e Radke),
- Una compagnia veterinaria.
- Quattro battaglioni di polizia (Klein, Other, König e Müller).
- Unità di pattuglia.
- 561° Squadrone dei Trasporti.
- Una compagnia di cucina.

Tutte queste truppe provenivano inizialmente dalle sei batterie della Fortezza e soprattutto da alcune unità di addestramento e di riserva. Inoltre, sotto il comando del capo Fortezza si trovava l'unica unità corazzata della città, di cui parleremo più avanti: il Battaglione contro carri Breslau.

Reggimento Mohr:
Creato a Breslau nel febbraio 1945 come Reggimento "B" sotto il comando del Comandante (poi Oberstleutnant) Peter-Walter Mohr, del Jäg.Ersatz- Battaglione di addestramento 49° Karlowitz e 83° Trautenau I.-III. La composizione approssimativa di questa unità:

- 1° Battaglione del Festungs-Rgt "Mohr" (49° Battaglione) composto da tre compagnie sotto il comando del maggiore Walter Tilgner (ex comandante dell'unità di riserva Jägers u. Ausb. Btl 49 su cui è stata strutturata gran parte di questa unità).
- 2° Battaglione del Festungs-Rgt "Mohr" (83° battaglione) composto da cinque compagnie del maggiore Günther Tenschert (ex comandante dell'unità di riserva Jägers u. Ausb. Btl 83)
- 3° Battaglione del Festungs-Rgt "Mohr" con otto compagnie e una batteria di cannoni leggeri sotto il comando dell'Oberleutnant Fritz (poi Hauptmann)
- 4° Battaglione di Festungs-Rgt "Mohr". Questo fu aggiunto al Reggimento nel marzo 1945 e consisteva di cinque compagnie sotto il comando del Maggiore Seybold. Come fatto curioso, quest'uomo si unì alla difesa della città subito dopo il suo arrivo nella prima mattinata del 27 febbraio. Dalla metà di aprile, questo 4° Battaglione decimato fu riorganizzato e chiamato "Regimentsgruppe Seybold", unendo i resti di diverse unità come il Wuttke Battalion (del Reggimento Sauer), o il Kampfgruppe Roge (che era un Battaglione composto dai pochi sopravvissuti del Besslein Regiment), così come altre piccole unità come il 26° Reggimento del I./Fallschirmjäger, un battaglione di polizia, due battaglioni Volkssturm e un plotone Reichsarbeitsdienst. Questo "Regimentsgruppe Seybold" fu probabilmente l'ultima vera unità da combattimento nella città di Breslau durante il suo assedio, poiché fu l'amalgama dei resti delle principali unità da combattimento.
- Una compagnia di "cacciacarri armati".
- Tre compagnie di mortai: la 18ª, 19ª e 20ª.
- Un plotone ciclista

- Un plotone per le comunicazioni.
- Una Compagnia coi "Goliats".

Il Reggimento Mohr s'insediò inizialmente nella zona nord-est della rete difensiva di Breslau, oltre a posizionare alcuni dei suoi uomini nel sobborgo di Cosel.

Reggimento Wehl:

Inizialmente chiamato Reggimento "E", era composto da personale della Luftwaffe, come le truppe di difesa dell'aeroporto, meccanici, principalmente personale di terra. Ricordiamoci che l'aeroporto di Gandau fu molto importante durante il conflitto mondiale. Erano presenti anche gli uomini della Scuola Aeronautica Militare n. 5 di Strachwitz. Il capo del reggimento era Oberst Wolfgang Wehl.

Era composto da quattro battaglioni e da diverse compagnie indipendenti:

- 1° Battaglione Festungs-Regimento Wehl, con quattro compagnie sotto il comando di Hauptmann Günther.
- 1° Battaglione Festungs-Regimento Wehl, con quattro compagnie sotto il comando di Rittmeister von Kleist.
- 3° Battaglione Festungs-Regimento Wehl, con quattro compagnie.
- 4° Battaglione Festungs-Regiment Wehl, con tre compagnie.

Tra le varie compagnie annesse al Reggimento, c'era una compagnia di armi pesanti.
Durante i combattimenti il Reggimento Wehl si trovava nel sud-est della città.

Reggimento Hanf (in seguito rinominato Reggimento di Velhagen):

Inizialmente chiamato Reggimento "A" e posto sotto il comando dell' Oberst Göllnitz (durante i primi giorni di febbraio), poi dal Rittmeister Karl-Hermann Hanf (dal 17 febbraio alla fine di marzo 1945) e infine dall'Oberst Velhagen (che era venuto a rinforzare la città per via aerea). Questa unità era sotto il comando diretto del comandante in capo della fortezza di Breslau ed era composta da:

- 1° Battaglione Festungs-Reggimento Hanf, comandato dal Maggiore d.Res Adolf Graf v. Seidlitz-Sandretzki
- 2° Battaglione Festungs-Reggimento Hanf, comandato dal tenente colonnello Rothansel (che era stato a capo di una scuola sottufficiali della Wehrmacht).
- 3° Battaglione Festungs-Reggimento Hanf, comandato dal maggiore Paul Klose,
- 4° Battaglione Festungs-Reggimento Hanf comandato dal maggiore Seybold.

Questo reggimento partecipò alle battaglie inizialmente schierate a Hoinstein e Klettendorf a sud-ovest della città e, dopo un ritiro, prese posizione a Steinschule.

Reggimento Sauer:

Questo reggimento, chiamato inizialmente "Reggimento C", prese il nome del suo comandante, Oberst Hermann Sauer. Sauer, che in precedenza era stato Oberst del 527° Reggimento di fanteria, sarebbe diventato uno dei punti focali della difesa della "Festung Breslau". Il suo comportamento coraggioso gli valse la Croce di ferro nell'aprile 1945.

L'unità era costituita dai resti della Jg.Ers.u.Ausb.Btl. 49 (Jäger-Ersatz- e Battaglione d'Addestramento 49 Karlowitz) I.-III insieme ad altri uomini di varie altre unità. La distribuzione finale era di quattro battaglioni:

- 1° Battaglione Festungs-Reggimento Sauer, composto da quattro compagnie sotto il comando di Oblt. d.R. Wilhelm Block.
- 2° Battaglione Festungs-Reggimento Sauer, composto da quattro compagnie sotto il comando

dell'hauptmann Kratz, poi hauptsturmführer Riediger,
• 3° Battaglione Festungs-Regiment Sauer Battalion, composto da tre compagnie.
• 4° Battaglione Festungs-Regiment Sauer, composto da tre compagnie sotto il comando del maggiore Herbert Wuttke.

Al reggimento erano attaccati due battaglioni del Volkssturm e una o due compagnie di artiglieria pesante. La disposizione iniziale del Reggimento Sauer nella difesa era nella zona fortificata a nord-ovest della città. All'inizio si disposero lungo la linea del fiume Weide con Luisenthal, Mund e Ordy. Lì, riuscirono a resistere al primo assalto delle truppe sovietiche grazie alla linea di piccoli bunker (chiamati "Infanteriewerke") in cui si asseragliarono. Ma a causa della grande pressione esercitata dall'avanguardia dell'Armata Rossa, dopo il loro ritiro, gli uomini della "Sauer" finirono per occupare posizioni sul fianco nord della città di Breslau.

SS-Festungs-Rgt. 1 "Besslein":

Senza dubbio la principale unità di combattimento che partecipò alle battaglie di Breslau assediata, come osservò lo stesso generale Niehoff. Fu l'ennesimo esempio della capacità, in questa fase della guerra, dell'Alto Comando tedesco di formare nuove unità "ad hoc" composte da brandelli di uomini delle più svariate unità, i cui risultati in combattimento erano generalmente almeno dubbi. Nella fattispecie, questo reggimento fu creato nel gennaio 1945 come Reggimento "D" sotto il comando delle SS-Obersturmbannführer Georg-Robert Besslein, da cui il nome definitivo dell'unità. Il Reggimento "Besslein" è solo un altro esempio delle unità che si sono formate negli ultimi mesi di guerra in Germania, i cui uomini in molti casi provenivano da più di unità di combattimento, scuole di addestramento, unità di seconda linea o gruppi di sostituzione.

La loro performance durante i brutali combattimenti, nonostante le condizioni estreme e dure a cui furono sottoposti, fu eccellente, essendo forse l'unità che portava la maggior parte del peso difensivo della città nei combattimenti da strada a strada e da casa a casa, che si svolsero durante i giorni dell'assedio e che culminarono con la resa incondizionata il 6 maggio 1945. Nella seconda metà dell'aprile 1945 il numero degli uomini venne drasticamente ridotto a circa 100, così, seguendo la filosofia tedesca, furono riuniti in un'unità più piccola chiamata Kampfgruppe Roge, che fu incorporata in quella che fu probabilmente l'ultima unità con efficacia di combattimento a Breslau: il "Regimentsgruppe Seybold".

Tra il materiale pesante e semipesante che il Reggimento era in grado di assemblare c'erano almeno sei obici pesanti da 15 cm sFH 18, dodici obici leggere da 10,5 cm lFH18 (altri dodici uniti il 21 gennaio 1945), otto cannoni anticarro da 8,8 cm, dieci mortai Granatwerfer 42 da 120 mm e molto probabilmente pezzi anticarro da 75 mm.

Il Reggimento era originariamente organizzato principalmente in quattro battaglioni, con altre unità miste annesse, e sebbene l'esatta distribuzione delle diverse unità fosse piuttosto confusa a causa delle circostanze e soggetta a continui cambiamenti, inizialmente sarebbero state molto simili alle seguenti:

• Stato maggiore del reggimento (PM).
• 1° Battaglione: con quattro compagnie di fucilieri (dal 1° al 4°), una compagnia di artiglieria (con alcuni obici da 150 mm) e il suo SM. Sotto il comando dell'Hstuf. Friedrich o Greger; e da aprile dall'Hstuf. Roge, su cui erano riuniti gli altri uomini ancora in grado di combattere (all'epoca Roge era il comandante del 2° Battaglione).

• 2° Battaglione: con quattro compagnie di fucilieri (dal 5° all'8°), una compagnia anticarro (con pezzi da 75 mm) e il suo SM. Sotto il comando dell'Hstuf. Kurt Zielske. Questo Battaglione, in occasione della riorganizzazione delle unità difensive di Breslau, fu ceduto alla 609ª divisione di fanteria, dove fu coinvolto in molteplici scontri con gli avamposti sovietici. A causa della perdita del 2° Battaglione da parte del Reggimento, venne ricostituito un nuovo 2° Battaglione, che venne probabilmente guidato da aprile sotto il comando dell'Hstuf. Wilhelm Zietzmann, anche se per breve tempo, dopo essere stato ferito fu sostituito da Hauptsturmführer Roge.

Questo nuovo 2° Battaglione era integrato da tre compagnie di fucilieri e da una compagnia di artiglieria costituita da un plotone leggero con quattro obici di fanteria leggera, e da un plotone pesante con due obici di fanteria pesante.

• 3° Battaglione: con quattro compagnie di fucilieri (dal 9° al 12°), una compagnia anticarro (con pezzi da 75 mm) e il suo SM. Sotto il comando di Hauptmann Sommer. Questo battaglione era formato da membri di una scuola sottufficiali della Wehrmacht.

• 4° Battaglione: con tre o quattro compagnie di fucilieri (dal 13° al 15°, 16°); una compagnia di mortai (con 10 pezzi da 120 mm), una compagnia Lehr, un plotone di segnalazione-comunicazioni e il suo SM. L'intera unità era sotto il comando delle SS-Obersturmführer Scharpwinkel.

• 5° Battaglione: forse formatosi in seguito sotto il comando del capitano Zitzmann

• Artiglieria reggimentale: con cinque batterie, le prime due con otto pezzi da 88 mm e le altre tre con pezzi da 75 mm.

Anche altre unità erano annesse a questo reggimento, come ad esempio:

• SS-Infanteriegeschütz-Ausb. u. Ers.Btl. 1 (originariamente con sede a Breslau-Lissa)

• SS 1 Battaglione di rinforzo e addestramento dei Panzergrenadier (originariamente basato a Breslau)

• Scuola Sottufficiali delle SS (originariamente con sede a Breslau)

• Scuola sottufficiali della Wehrmacht a Striegau

• 28° Battaglione di rinforzo e addestramento Wehrmacht (originariamente basato a Schweidnitz)

• Battaglione di riserva e formazione veterinaria 8° Wehrmacht (originariamente di base a Schweidnitz)

• Due battaglioni del Volkssturm: il 41° e il 42°.

• Un'azienda di mortai pesanti da 120 mm

• Un plotone per le comunicazioni.

L'alto grado di combattività di questa unità la rese famosa nelle lotte casa per casa nella città di Breslau per il suo alto livello di efficacia nel respingere le offensive sovietiche una dopo l'altra. Gli uomini aggiunsero persino elementi stravaganti alle loro uniformi che li indicavano come orgogliosi membri del "Besslein". Anche le unità russe erano a conoscenza delle loro capacità, per cui in diverse occasioni i tedeschi si occuparono di indicare con dei graffiti che erano loro a difendere l'una o l'altra zona della città. Questa epica capacità di combattimento dei suoi uomini fu premiata a livello di decorazioni, tra le quali vanno segnalate le quattro Croci di Cavaliere di Ferro che ricevettero: Georg Robert Besslein (premiato il 30 aprile), Alfred Roge (9 maggio), Krause (20 aprile) e Franz Budka (19 aprile).

609ª Divisione Generale:
Unità di nuova formazione comandata dal Generalmajor, e dal 1° maggio il Generalleutnant

Siegfried Ruff, costituito da tre reggimenti. Anche se creata a Dresda il 26 gennaio scorso, avrebbe immediatamente assunto la sua posizione nella rete difensiva di Breslau. I suoi elementi costitutivi provenivano dalla scuola per sottufficiali di Frankenstein, da un'unità di ricognizione e di addestramento, e da elementi della 269ª divisione di fanteria che non erano riusciti a sfuggire all'accerchiamento. Tuttavia, la Divisione non fu mai in grado di completare adeguatamente i suoi quadri.

Tra le unità che componevano la Divisione, le tre più importanti erano:
• Reggimento Reinkober.
• Reggimento "Kersten".
• Reggimento "Schultz".

Il suo quartier generale si trovava nel rifugio antiaereo di Liebichshöhe e il suo principale campo d'azione era limitato al sud-est della città, inizialmente protetto dal terrapieno ferroviario e dalla zona paludosa della depressione di Ohlf.

Commenteremo ora in modo indipendente ciascuno di questi tre reggimenti:

Reggimento Reinkober (FestungsGrenRgt "Reinkober")
Unità comandata da Oberst Fritz Reinkober, ex capo della III/Inf.Rgt. 372:
• 1° Battaglione composto da quattro compagnie al comando di Hauptmann Werner Schmidt.
• 2° Battaglione composto da tre compagnie.
• 13° compagnia indipendente sotto il sergente Fischer.

La sua disposizione in città consisteva nella difesa della zona sud insieme ai reggimenti Schulz e Kersten di cui parleremo in seguito. Le loro battaglie principali si svolsero nella chiesa di Heiliggeist e nell'ospedale Wenzel-Hancke.

Reggimento Kersten
Un'altra unità di formazione molto recente sotto il comando del maggiore Kersten, composta da:
• 1° Battaglione di tre compagnie (una delle quali di Volkssturm), sotto il comando dell' Hauptmann Böhm.
• 2° Battaglione costituito da quattro compagnie sotto il comando del tenente Schmidt.
• Quattro compagnie indipendenti, di cui due del Volkssturm (il 23° e il 32° battaglione) e un battaglione Volkssturm (il 44°).

Reggimento Schulz
Questa unità di addestramento misto, sotto il comando del maggiore Hans Schulz, era composta da:
• 1° Battaglione, formato da quattro compagnie al comando dell'Hauptmann Brüsehof.
• 2° Battaglione composto da cinque compagnie al comando dell'Hauptmann Arnoldt. Questo battaglione comprendeva un piccolo gruppo di battaglia delle SS.
• 3° Battaglione composto da due compagnie e da una compagnia di comando, di cui una composta da SS.
• Tre compagnie indipendenti.
• Un battaglione Volkssturm (il 34° battaglione),
• Un plotone motorizzato.
• Un plotone di mortai.
• Un plotone di polizia militare.
• 609° battaglione d'ingegneria.
• Tre batterie di artiglieria.

Reggimento del genio di Breslau

Questa unità è stata costituita dal Pionier-Ersatz- e Training-Bataillon 28 Breslau-Kosel, rimanendo sotto il comando del maggiore Hameister. Le sue formazioni erano le seguenti:

- 1° Battaglione composto da quattro compagnie di genieri.
- 2° Battaglione costituito da sei compagnie tecniche.
- 3° Battaglione costituito da tre compagnie.
- 4° Battaglione costituito da tre compagnie.
- 5° Battaglione costituito da cinque compagnie (queste erano quelle incaricate della custodia dei ponti sull'Oder) più un'altra compagnia tecnica.
- Dieci battaglioni di operai del Volkssturm.
- Due plotoni al comando di 96 "Goliat". Ognuno di essi trasportava un carico di 75-100 kg di esplosivi.
- Un'unità di demolizione e riparazione della polizia.
- Un'unità del Volkssturm composta da specialisti in impianti di elettricità, acqua e gas (Betriebseigene Volkssturmeinheit, Abteilung Strom, Gas und Wasser).

Nachrichten Regiment Breslau (Reggimento Radio e Segnaletica)

Questa unità venne creata dagli uomini che facevano parte dei servizi radio e di telecomunicazione rimasti in città. Sotto il comando dell'Oberstleutnant Wittenberg, venne divisa in:

- Gruppo 1: con due compagnie telefoniche e una radio.
- Gruppo 2: con due compagnie telefoniche e una radio.
- Gruppo 3: con tre società telegrafiche e postali e un'altra società di riserva.

Unità paracadutisti

La difesa di Breslau aveva anche alcune piccole unità di paracadutisti (i fallschirmjäger in tedesco) che contribuirono con le loro piccole unità alla rete difensiva. Questi uomini, a differenza dei paracadutisti dei primi giorni della guerra, non potevano essere considerati unità d'élite, poiché il loro livello di addestramento era per lo più elementare, pur avendo all'interno un gruppo di veterani. Erano, tuttavia, ben armati e pronti a eseguire i loro ordini. I paracadutisti non si trovavano inizialmente a Breslau, ma la grave situazione in città indusse il colonnello generale Schörner, capo del gruppo d'armata "Centro", a coordinare l'arrivo di queste truppe per mezzo di un ponte aereo in vista dell'impossibilità di raggiungerle via terra. Tuttavia, l'accesso per via aerea non fu facile da quando l'artiglieria antiaerea sovietica che circondava Breslau rese quasi impossibile l'arrivo dei tedeschi.

Anche se non sono chiare le date esatte del trasporto aereo di questi paracadutisti (vanno dal 22 febbraio al 7 marzo), bisogna tener conto del fatto che dovette essere molto lungo perché il numero di uomini trasportati richiedeva molti aerei, e questi avevano bisogno del loro tempo per atterrare nelle ore di oscurità. I paracadutisti arrivarono in un primo lotto utilizzando alianti Go-242 e DFS-230 trainati da He-111 e Do-17 dello Schleppgruppe 1. Questi alianti vennero liberati dai loro rimorchiatori ad un'altitudine di circa 6.500 - 7.200 piedi, riuscendo ad atterrare con più o meno successo sulla Kaiserstrasse e sulla Friesenwiese. L'uso di questi alianti era considerato molto pericoloso per il trasporto di truppe in tali circostanze, sottoposti come aerano al continuo fuoco nemico senza ovviamente potere annullare la missione, quindi per il successivo contingente di paracadutisti, si preferì ricorrere allo Ju-52/3m. La prima unità aerea fu la I./FJR 26 (FJR 25 secondo Lucas) anch'essa appartenente alla 9ª Divisione Paracadutisti che arrivò a Breslau intorno al 25 febbraio (alcune fonti la collocano tre giorni prima), essendo stata riassegnata quando si integrò nelle difese della capitale, come Fallschirm-Jager-Bat. 68 con quattro compagnie e sotto il comando di Hauptmann Trotz.

Una seconda unità di paracadutisti fu inviata a Breslau a partire dalla sera del 28 febbraio, approfittando dell'oscurità. Si trattava del II/FJR26 della 9ª divisione paracadutisti (9.Fallschirmjäger Division) comandata dall'Hauptmann Skau (secondo altre fonti chiamato II/Fallschirmjäger Regiment z.b.V.); questo battaglione fu ritirato alcuni giorni prima dal fronte della Pomerania per ferrovia per arrivare il giorno stesso alla città di Jüterborg, dal cui aerodromo sarebbe stato poi trasportato, e non paracadutata alla città assediata. Alcuni degli Ju-52/3m che trasportavano i paracadutisti (24 per aereo, completamente equipaggiati) dovettero tornare sui loro passi dopo che la pista di Gandau a Breslau fu chiusa al volo (a causa della distruzione causata dai cannoni sovietici e dei disordinati atterraggi di altri Ju-52/3m nella stessa che rovinarono la pista). Coloro che non riuscirono ad atterrare quella notte, non poterono farlo di nuovo il giorno dopo a causa della mancanza di aerei e delle nevicate nella zona. Dovettero aspettare qualche giorno nella città di Schweidnitz fino a quando non trovarono un altro aereo che li portasse nell'inferno di Breslau cosa che avvenne il 6 marzo. Questi paracadutisti assistettero anche al trasferimento a Breslau del nuovo comandante in capo, il generale Niehoff. Ancora una volta, in attesa della copertura della notte, un J-52/3m solitario riuscì a superare la tremenda barriera anti aerea dei cannoni sovietici e ad atterrare in mezzo alla neve all'aeroporto di Gandau. La II/FJR26 all'interno di Breslau venne ridisegnata il 15 marzo con il nome di Fallschirm-Jäger-Bat. 67 composta dalle sue 4 compagnie. Questo battaglione aveva tra i suoi uomini, sopravvissuti alle operazioni speciali, il battaglione paracadutisti veterani "Brandenburg", che era stato decimato nei combattimenti precedenti.

In totale, il numero di paracadutisti che riuscirono a raggiungere Breslau fu molto probabilmente non più di 700 uomini e non meno di 400, poiché le compagnie a quel tempo non avrebbero superato i cento soldati.

I due battaglioni furono richiesti a Berlino da Hanke contro il parere dell'allora capo militare della Fortezza (von Ahlfen) per fare da guardia personale allo stesso Gauleiter. Tra le missioni che avrebbe preparato per i paracadutisti c'era quella di usarli come forze d'urto in un'offensiva sortita per uscire da Breslau rompendo il suo assedio Manovra che avrebbe permesso il collegamento con i tedeschi avanzati sotto il comando di Schörner a Zobtenger in direzione sud-ovest; una situazione non molto plausibile per von Ahlfen che obiettivamente pensava che una tale manovra e la successiva difesa del "corridoio" avrebbe richiesto non solo due battaglioni ma diverse divisioni.

Volkssturm

Queste truppe, che raggiunsero i 15.000 uomini, furono posti sotto il comando generale del SA-Obergruppenführer Otto Friedrich Herzog. Anche se, come abbiamo visto, in varie occasioni passarono sotto la giurisdizione dei capi delle altre unità a cui erano stati assegnati. Il Volkssturm aveva 38 battaglioni; di questi, 26 erano da combattimento, 10 da costruzione, 2 da addestramento e diverse unità più piccole. Ogni battaglione aveva circa 400 uomini, anche se, come ci si potrebbe aspettare, questo numero cambiò spesso considerevolmente durante il combattimento.

I 26 battaglioni da combattimento furono distribuite con quattro compagnie ciascuna, all'interno delle quali si trovavano: 21º (comandato da Koschate e poi da Pflanz), 22º (Hanke), 23º (Kanter), 24º (Meinecke), 30º (Bannwitz), 31º (Göbel), 32º (Böhm), 33º (Pöhlemann), 34º

(Zöke), 35° (Sämann), 36° (Strauss), 37° (Torzewski), 41° (Klose, poi Kalusche e infine Dörsing), 42° (Stephan e dopo la sua morte in combattimento, Merkle), 44° (Kluger), 46° (Peschke), 48° (Störel), 52° (NSKK Engineer Battalion, Mende), 55° (Gioventù hitleriana, Seifert), 56° (Gioventù hitleriana, Lindenschmidt), 66° (Fischer), 67° (Conte Kayserlink) 68° (Kayslink, che è stato sostituito da Stein dopo la sua morte in battaglia, e Stein da Koch per lo stesso motivo), 74° (composto da ferrovieri, Pötsch), 75° (Bischoff) e 76° (composto da impiegati postali, Herpischböhm).

I 10 battaglioni di costruzione o Bau-Batallione erano: 38° (Augustin), 40° (Scharz e più tardi da Schymek), 43° (unità motorizzata, Stemmler), 45° (Schönwolf), 49° (Schriever), 50° (von Holleufer), 54° (Roll), 59° (Stricker), 72° (Hain) e 73° (Nollau). Le attività di questi battaglioni erano necessarie per preparare le difese, demolire gli edifici e in qualsiasi situazione agire fornendo posizioni più facili per difendere i loro compagni e complicate contro i sovietici.

Nonostante la loro scarsa formazione militare in generale e il loro inutile sacrificio, queste unità contribuirono a ritardare la conquista della città grazie al sostegno offerto alle unità militari della città. Ciò non impedì a questi bambini e a questi anziani di essere protagonisti di numerosi casi di coraggio ed eroismo contro i soldati e i granatieri sovietici molto esperti. Questi ultimi pagarono un grosso pedaggio per sottrarre Breslau agli uomini del Volkssturm armati di panzerfaust.

Servizio antiaereo di Breslau

Le truppe antiaeree rimaste al comando dell'Oberst Joachim Quodbach, provenivano dalla Flak-Abteilung 570, Flak-Ersatz e Training-Abteilung 137, lo stato maggiore del Flak-Regiment 150, Flak-Abteilung 47/IV e alcune pesanti batterie antiaeree del Reichsarbeitsdienst.

Per la maggior parte si trattava di pezzi che non avevano alcuna possibilità di movimento in vista di un possibile uso tattico. Questi erano principalmente divisi tra gli 8,8-cm-FlaK 18/36/37 (le batterie pesanti) e i 20mm Flakvierling 38 (le batterie leggere). Altri pezzi utilizzati furono il 37mm Flak 37 (di cui cinque batterie), il cui uso contro i potenti rivali dei tedeschi, in molti casi non andava oltre l'aneddoto.

Reggimento d'artiglieria di Breslau

Le unità di artiglieria incluse in questo reggimento erano sotto il comando del Maggiore Egmont Urbatis, per passare al comando del maggiore Hanke dal 3 marzo. Come per i carri armati o le unità di artiglieria antiaerea, il Reggimento di Artiglieria era l'ennesima fusione di pezzi sparsi in ogni dove che riuscirono ad essere portati a Breslau per partecipare ai combattimenti; anche se le sue origini risalgono a due unità principali come le Batterie Leggere della Fortezza (in numero di sei), nell'Abteilung 859 di artiglieria dell'esercito e nell'Abteilung 28 di sostituzione e addestramento dell'artiglieria. Complessivamente il reggimento d'artiglieria di Breslau raggiunse un totale di 32 batterie, di cui 20 mobili, mentre le restanti batterie rimasero nella loro sede originaria.

I pezzi consistevano di: 15 batterie di obici leFH 18 da 10,5 cm, quattro batterie di obici pesanti da 15 cm sFH 18], una batteria dell'ex esercito polacco 20 mm Schneider mk 78/09/31, cinque batterie ex-sovietiche da 76,2 mm M1942 (ZiS-3), una ex-jugoslava da 75 mm Schneider M.07, una ex-polacca da 75 mm armata polowa wz.1897, una ex italiana da 65 mm Cannone da 65/17. Questi furono ulteriormente supportati da plotoni genio e da un gruppo di valutazione meteorologica.

Il numero totale di cannoni raggiunse i 100, che dovevano essere aggiunti a quelli della contraerea.

Forze armate e anticarro

Durante la lotta per Breslau, nessuna unità corazzata partecipò alla sua difesa, il che non impedì il raduno, da una parte o dall'altra, di alcuni carri armati o mezzi da combattimento che nella lotta di strada si dimostrarono letali contro i sovietici.

Sotto il comando del tenente Wolfgang Retter e con il nome ufficiale di Panzerjäger-Abteilung Breslau, alcuni vari e scarsi veicoli corazzati erano mascherati, e sebbene sulla carta fossero divisi in quattro compagnie, in realtà erano tutti concentrati nella 1° Compagnia Corazzata (Panzerkompanie Breslau, 1. Pz.Kp o Compagnia Panzer Breslau) sotto il comando del tenente Venzke prima e del tenente Hartmann poi.

La forza di questa compagnia non fu mai chiara, anche se potrebbe essere stata la seguente:
- 1 Sturmpanzer IV. Secondo altre fonti era un Pz.Jg. IV/L70 (Jagdpanzer IV con pistola L70).
- 6 StuG III della brigata StuG 311, sotto il comando del sergente Leo Hartmann, che avrebbe poi preso il controllo dell'intera Compagnia dopo la sua promozione a tenente. Questi veicoli furono incorporati all'epoca dell'assedio di Breslau e facevano parte della 17ª divisione di fanteria.
- 6 Panzer II.
- 4 PzKpfw II "Wespe" con pezzi da 10,5 cm.

Secondo le fonti consultate ci sono altre versioni in cui non ci sarebbe stato Jagdpanzer IV o StuG III e al loro posto ci sarebbero stati un Panzer IV e due Panzer III; lo StuG III che sarebbe diventato lo StuG IV. D'altra parte, altri dicono che la distribuzione fu di 6 StuG III Ausf G della StuG Brig. 311, 1 StuG IV e 6 Panzer II.

In ogni caso e qualunque fosse la realtà, i pezzi corazzati erano ridicolmente pochissimi e piuttosto antiquati rispetto a quello che gli veniva offerto.

D'altra parte e con l'idea di compensare la carenza di forze pesanti, vennero create due compagnie di combattenti di fanteria. Si trattava della 2° e 3° Compagnia di Fanteria da Combattimento (2 y e 3 Pz.Jg. (Fanteria) Kompanien) armata di Panzerschreck, Panzerfausts e mine anticarro. C'era anche una quarta compagnia che era dotata solo di Panzerfausts. Queste tre compagnie a piedi e la corazzata costituirono il Battaglione dei cacciatori di carri di Breslau (in tedesco Panzerjäger-Abteilung) e furono comandate dall'Oberleutnant Retter.

Come ultima informazione sulle forze armate, dobbiamo ricordare che in città c'era la FAMO (Fahrzeug und motoren werke), una fabbrica dipendente dagli Junkers, di veicoli corazzati che durante la guerra avevano prodotto tra gli altri il Wespe o il Marder II. In questa situazione disperata e sfruttando il materiale disponibile, la FAMO fu incaricata di produrre il cosiddetto Eisenbahnpanzerzug Pörsel o Poersel, che consisteva in un treno blindato armato con pezzi da 88 mm, 37 mm e 20 mm oltre alle mitragliatrici MG 42 che potevano attraversare la fitta rete ferroviaria di Breslau. Le dimensioni del treno erano tali da richiedere l'impiego di 108 uomini (oltre ai ferrovieri). Il suo nome deriva dal fatto che la sua costruzione è stata supervisionata dal tenente Paul Pörsel. La funzione era la difesa antiaerea e quando la situazione si è complicata a causa della vicinanza delle truppe russe, svolse anche la sua missione anti-carro. I nemici caduti sotto i suoi colpi furono 10 carri armati nemici e 3 aerei abbattuti, principalmente nella zona dell'aeroporto di Gandau.

Unità di soccorso civile e militare

Questi includono i vigili del fuoco e i servizi medici d'emergenza che sono stati lasciati sotto il comando del colonnello Gribow.

I vigili del fuoco contavano 600 uomini ed erano divisi in sei gruppi. Avevano un totale di 44

autopompe, 12 veicoli vari e 25 manichette portatili. I servizi medici erano forniti dalla 10ª compagnia Medica ed erano sotto la supervisione diell'Oberfeldarzt Dr. Mehling. I servizi medici si distribuivano tra ospedali civili e militari o Lazarette (questi ultimi erano in totale 12) che, per la loro stessa sicurezza, si trovavano principalmente nei grandi rifugi e negli stessi bunker per i raid aerei, di cui almeno sette in città; il resto erano ospedali tradizionali.

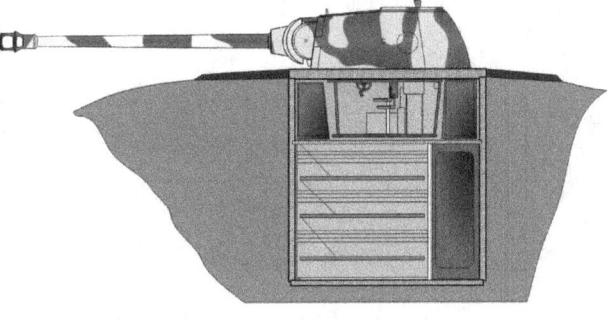

▲ Il comando militare di Breslau fu assunto dal generale Krause della Wehrmacht, che fu sostituito alla fine del gennaio 1945 dal generale maggiore von Ahlfen, a sua volta sostituito all'inizio di marzo dal generale Niehoff (nella foto). A dx. molto probabilmente otto *Pantherturm* (torrette di carri armati da combattimento incastonate nel terreno che fungono da posizione di difesa statica dell'artiglieria) vennero installate sul terrapieno ferroviario per potenziare l'azione difensiva dell'area. Disegno realizzato da BVV.

▼ Lo StuG III era un avversario difficile nelle battaglie difensive, come dimostrato nella lotta per Breslau. Nella foto una StuG III Ausf G nella sua ultima versione, esposta al Panzermuseum Munster in Germania. Da Baku13

▲ La caduta di Olesnica diede alle forze sovietiche una nuova base nella Bassa Slesia da cui attaccare Breslau, tra gli altri obiettivi. Nella foto un bombardiere bimotore sovietico Petlyakov Pe-2 usato contro Breslau quasi ininterrottamente durante l'assedio.

▼ Quattro PzKpfw II "Wespe" con pezzi da 10,5 cm utilizzati per la difesa della Festung Breslau. Bundesarchiv.

▲ Un aereo d'attacco, Il-2 Sturmovik; era forse il nemico più pericoloso dei VV per le truppe di terra tedesche a causa della sua robustezza e del suo potente armamento.

▼ Dall'aprile 1944 i nuovi carri armati IS-2 divennero più frequenti negli attacchi sovietici ai territori controllati da tedeschi e loro alleati.

▲ I cannoni semoventi SU-76 furono usati dalle forze sovietiche nei loro numerosi tentativi di prendere il controllo di Breslau. Numerosi veicoli corazzati di questo modello vennero distrutti dai difensori tedeschi, come nei combattimenti tra gli uomini del Reggimento Wehl, il 19 febbraio contro gli assalitori.

▼ Vecchia immagine del Kaiserbrücke in tempo di pace. Almeno 40 dei 66 ponti della città sono stati inizialmente minati e sorvegliati da truppe regolari e poi ripresi dalle unità del Volkssturm.

▲ Giovani soldati tedeschi di un'unità di ricognizione forniscono notizie ai veterani.

▼Due paracadutisti in uniforme invernale dipingono di bianco un casco. I due battaglioni di paracadutisti trasferiti a Breslau dal ponte aereo ebbero un ruolo importante nella difesa della città.

▲ Forse una delle immagini più famose tra quelle scattate dal servizio di propaganda dell'Unione Sovietica per diffondere la notizia della vittoria dell'Armata Rossa a Breslau. In esso possiamo vedere l'equipaggio di un IS-2 dell'87° Reggimento Carri Armati Pesanti dell'87° Reggimento della 1° Guardia Frontale Ucraina, con il loro carro armato, che si gode la musica del pianoforte suonata da un carrista.

COMINCIA L'ASSALTO

Dopo il crollo delle forze difensive tedesche sul fronte orientale, fu solo questione di giorni prima che le truppe sovietiche riuscissero a raggiungere la capitale del Reich. L'ultima barriera naturale rimasta era il fiume Oder, che la guardia avanzata sovietica avrebbe raggiunto il 19 gennaio. In soli quattro giorni (il 23) il fiume venne attraversato dalle unità sovietiche a Steinau e Linden, e il 24 a Ohlau e Zedlitz, tutti nelle vicinanze di Breslau; lo stesso giorno Oppeln, la capitale dell'Alta Slesia, venne raggiunta dall'avanzata sovietica.
I combattimenti con i tedeschi cominciarono a diventare più violenti dal giorno 24, quando le truppe tedesche riconquistarono temporaneamente il ponte ferroviario di Steinau. In un rapporto tedesco di quella data si leggeva: *"Nella zona di combattimento ad est di Breslau, decisi contrattacchi delle nostre truppe hanno scacciato i bolscevichi da diversi villaggi."*
Ma praticamente questa offensiva tedesca non servì a molto poiché l'avanzata sovietica attraverso l'Oder da parte di Preichau e Dieban vicino a Steinau non poté essere chiusa. La risposta tedesca fu operata dalla 4ª armata panzer (contro le posizioni della 4ª armata sovietica a Steinau e Ohlau) e la 17ª armata (contro le posizioni della 5ª guardia alla testa di ponte di Linden). Lo sforzo tedesco fu vano, poiché le teste di ponte avevano ogni giorno sempre più unità sovietiche. A seguito di questa nuova situazione, la rete difensiva tedesca venne ristrutturata e il 25 gennaio venne ribattezzata Heersgruppe "Mitte" (Gruppo di Eserciti "Centro"), l'ex Heersgruppe "A" (Gruppo di Eserciti "A"); il comando passò al generale Ferdinand Schörner al posto del generale Harpe. Venendo quindi attuata la prima azione del nuovo Heersgruppe "Mitte", il ritiro verso l'Oder.
Tra il 25 e il 27 gennaio, il 53° e il 78° Corpo dei Fucilieri sovietici riuscì ad occupare le posizioni nell'anello difensivo esterno di Breslau ad est dell'Oder; erano tra i 9 e i 16 chilometri dalla città. Il 26 gennaio i carri armati sovietici irruppero nella città di Maerzdorf, e anche se i tedeschi fecero saltare in aria il ponte sull'Oder in questa posizione, i blindati riuscirono ad attraversarlo perché era ghiacciato.
Nella loro travolgente avanzata i sovietici dovettero affrontare una grande resistenza tedesca, ci riferiamo alla città di Olesnica. In realtà, l'attacco a Olesnica era già iniziato l'11 gennaio quando la sua stazione ferroviaria venne bombardata intorno alle 18.00, causando relativamente pochi danni. Dal 15 iniziò il bombardamento su larga scala delle installazioni militari ferroviarie e stradali della città, che portò all'ordine di evacuazione dei civili il 19. Con l'evacuazione pratica dei civili (a parte un piccolo gruppo di loro e di alcuni lavoratori forzati che sarebbero rimasti in città). Nella stessa notte tra il 20 e il 21 gennaio, la popolazione civile fu sostituita a Olesnica dai soldati della 269ª Divisione; essi iniziarono rapidamente a preparare il terreno per la loro difesa facendo esplodere numerosi edifici che potevano servire agli assalitori durante la loro offensiva. Non passò molto tempo prima che le unità di ricognizione sovietiche contattassero immediatamente il 269° e, entro il 22 gennaio, sottoposero la città tedesca al fuoco dell'artiglieria pesante e dei bombardamenti. La pioggia di katiuscia era così intensa che il suo ruggito si sentiva anche nella città di Breslau, dove la popolazione cominciava a intuire quanto fosse vicina la loro prima linea.
L'aeroporto di Olesnica divenne il quartier generale degli aerei del 310° reggimento della Divisione Aviotrasportata, da dove gli attacchi alla città di Breslau sarebbero stati più agevoli e più duraturi grazie alla sua vicinanza.
Dopo la vittoria a Olesnica, una volta superato il primo ostacolo presentato dai tedeschi dopo

▲ Soldati tedeschi della difesa di Breslau si preparano ad allestire barricate su uno dei ponti della città, essendo un luogo di passaggio strategico.

► Un Ju-52 che sorvola il terreno. Gli alianti utilizzati per trasportare il primo lotto di paracadutisti a Breslau vennero sostituiti dal secondo lotto da trimotori Ju-52/3m, a causa del pericolo che gli alianti correvano sotto il continuo fuoco nemico.

▼ I paracadutisti sono arrivati a Breslau in un primo lotto a bordo di alianti Go-242 e DFS-230 trainati da bimotori He-111 e Do-17 dello Schleppgruppe 1 (1° gruppo di rimorchiatori). Gli alianti furono liberati ad un'altitudine di circa 2500 metri, e riuscirono ad atterrare con più o meno successo sulla Kaiserstrasse e sulla Friesenwiese. Nella foto, un Go-242 con una capacità di 20 soldati completamente equipaggiati. Bundesarchiv.

aver superato l'Oder, si poteva pensare che le forze tedesche indebolite che proteggevano il fiume fossero rapidamente spinte in posizioni difensive oltre il fiume. Anche se questo pareva in gran parte vero, non fu esattamente così, in quanto l'ordine sovietico di avanzare con la massima velocità attraverso le terre tedesche permetteva alle aree ancora controllate dai tedeschi di rimanere sulle retrovie. Questi territori ancora dominati dai tedeschi erano la soluzione che l'OKW aveva proposto per fermare l'avanzata sovietica, nonché una futura testa di ponte per riconquistare il fiume Oder; e come detto sopra, il suo nome in tedesco era "Festung" o fortezza in italiano. Anche se ce n'erano altri sparsi in tutto l'est del Reich, nella Bassa Slesia ne troviamo due: Breslau e Glogau.

Come abbiamo visto, tra il 21 e il 28 gennaio fu la 269ª divisione di fanteria sotto il comando del generale Wagner che impedì a Breslau di essere rapidamente raggiunta dai sovietici. Un esempio è l'evidente rallentamento dell'avanzata della 52ª armata del generale K.A. Koroteyev a circa 40 chilometri da Breslau da parte degli uomini della 269ª divisione di fanteria. I loro combattimenti nella zona della strada per Breslau portarono alla distruzione di 76 veicoli corazzati russi in tre giorni, che caddero sotto panzerfaust, mine anticarro, bombe a mano e qualsiasi arma che potesse infliggere danni. Intorno al 24, il Generalleutnant Wagner decise di ritirarsi in combattimento a circa 10 miglia più indietro nella zona di Bohrau. Da lì continuarono a combattere le unità di avanzata sovietica, principalmente del 73° Corpo dei Fucilieri.

Il 26, l'avanguardia sovietica raggiunse Mansdorf, situata a nord di Breslau, e dopo aver attraversato l'Oder, vi formò una testa di ponte, alla quale si unì tre giorni dopo quella di Peiskerwitz.

Questo ritardo nell'avanzata sovietica permise di superare finalmente la città di Breslau, e per questo motivo una parte dell'Armata Rossa dovette rimanere indietro per porre fine al possibile pericolo che rappresentava. La 6ª Armata del generale Gluzdovsky (inizialmente supportata da altre unità) fu designata per questo compito, e non fu l'unità più forte dell'offensiva sovietica. In realtà il numero di uomini di cui era composta doveva essere relativamente simile a quello della guarnigione di Breslau. In questo modo, invece di tentare di finire le truppe tedesche a Breslau (per le quali sarebbero stati necessari almeno tre dei loro eserciti per farlo con una certa sicurezza), si è preferito operare con un numero minore di truppe almeno per evitare che gli assediati potessero lasciare l'assedio, mentre il 1° Fronte Ucraino con quasi un milione di uomini continuava il suo percorso verso il fiume Neisse.

Nella serata tra il 28 e il 29 gennaio la coraggiosa 269ª Divisione tedesca ricevette finalmente l'ordine di ritirarsi a sud di Breslau con tutti i tipi di veicoli disponibili, compresi gli autobus. Dopo essere arrivati nei pressi di Ohlau ebbero l'opportunità di costringere i russi a ritirarsi sulla riva orientale del fiume alla fine del mese.

L'esistenza di città fortezza che offrivano resistenza come è successo a Breslau o Glogau, non era così folle dal punto di vista militare perché, pur non rappresentando un pericolo significativo per il potente esercito sovietico, poteva portare più complicazioni del previsto (ovviamente dal punto di vista umano, rappresentava un vero e proprio crimine per la popolazione civile). Grazie al suo cambiamento di tattica, Koniev permise all'avanzata sovietica attraverso la Germania di mantenere un alta velocità di penetrazione senza che gran parte delle sue truppe si "bloccasse" per finire le fortezze alle spalle e indebolire così la forza d'urto del suo esercito sulla strada verso Berlino. Così, anche se all'inizio si potrebbe pensare che gli uomini della Fortezza venissero lasciati al loro destino per niente, fu in realtà per qualcosa: raccogliere il tempo di poter rispondere all'offensiva russa che sarebbe stata sempre più ridotta in numero di uomini, anche se di fatto fu una opportunità che non arrivò mai.

Il 27 gennaio il generale Krause lanciò un appello alla popolazione e ai difensori della città,

anticipando ciò che stava arrivando e ciò che ci si aspettava da loro:
"*La battaglia per la libertà della Germania e la vittoria finale richiede tutte le vostre forze. Dovete aiutarmi in tutti gli ultimi preparativi per la battaglia per la vostra città. Invito quindi tutti gli uomini, le donne e i bambini di età superiore ai dieci anni a collaborare*".

Questo era l'ennesimo esempio della futile "guerra totale" con cui il Führer intendeva fermare le orde sovietiche.

Mentre ciò accadeva, il Gauleiter acquisiva un maggiore controllo del comando militare della città grazie al suo potere su parte del quartier generale di Krause. Rafforzò anche la sua immagine sia a Berlino che nella città assediata, dichiarando pubblicamente la sua decisione di rimanere a Breslau a qualsiasi costo.

Come preludio all'imminente attacco sovietico, si valutarono le munizioni esistenti a Breslau, che erano circa di 130.000 proiettili. E anche se le nuove munizioni sarebbero state ricevute per via aerea, l'ingegno fu affilato per produrre nuovo materiale all'interno della città stessa. Furono perquisiti tutti i depositi di armi della città e furono trovati 40 mortai pesanti da 125 mm, le cui munizioni non furono troppo difficili da fabbricare all'interno della città. Vennero riutilizzati anche i bossoli di artiglieria leggera vuoti, riempiti con l'esplosivo di bombe sovietiche inesplose. Questo processo era molto pericoloso per i lavoratori che erano costretti a farlo, ma mostrava come ogni risorsa disponibile venisse utilizzata.

Il 29 gennaio i sovietici realizzarono un'altra testa di ponte sull'Oder nella zona di Peiskerwitz, come detto sopra, a sud di Breslau.

Come abbiamo commentato il 1° febbraio, Krause, che si era ammalato di polmonite, fu sostituito dal colonnello von Ahlfen, anche se prese ufficialmente il comando della Fortezza il 3 febbraio alle 10.20 (fu promosso generale maggiore l'8 dello stesso mese). Per la difesa della fortezza, von Ahlfen avrebbe avuto circa 35.000 soldati più circa 15.000 uomini del Volkssturm, oltre ai vari materiali d'artiglieria della fortezza sarebbe riuscito ad avere 100 pezzi d'artiglieria leggera della fabbrica d'armi Borsigwerk di Markstadt che furono portati in città. Von Ahlfen attribuì grande importanza fin dall'inizio alla realizzazione delle difese della fortezza, ma anche all'addestramento dei suoi uomini per quanto possibile nelle future battaglie per strada. Fu anche in questi primi giorni di febbraio che si installarono in città le sirene di allarme aereo, a causa dei sempre più intensi bombardamenti aerei della Fortezza sostenuti anche dalla vicinanza delle basi aeree russe a Breslau. Queste sirene non furono installate in precedenza perché Breslau era una città che non era quasi mai stata attaccata dall'aria per quasi tutto il conflitto mondiale.

I molteplici impatti dell'artiglieria (ora nel raggio d'azione della città, da quando venne presa la zona delle colline di Trzebnica) e le bombe lanciate dagli aerei tenevano i civili nascosti nei sotterranei o nei bunker. Quando un proiettile cadeva nelle vicinanze, provocava un'onda d'urto accompagnata da un tremolio con lampi e da un forte botto che spegneva candele e lampade a cherosene. Faceva cadere pezzi del tetto nei rifugi e la polvere dei mattoni invadeva l'aria, creando un'atmosfera irrespirabile. Per proteggersi i civili dovettero bagnare degli stracci per metterli al viso permettendo loro almeno di respirare. Solo di notte gli abitanti di Breslau potevano permettersi di lasciare le loro tane e cercare di prendere un po' d'aria fresca.

Nella notte tra il 2 e il 3 febbraio, una squadra di genieri equipaggiata, tra le altre armi, con lanciafiamme, sotto il comando del capitano (Hauptmann) Seiffert attaccò e respinse il nemico che occupava Wasserborn.

L'assedio di Breslau comincia a prendere forma con l'inizio dell'offensiva sovietica in Bassa Slesia l'8 febbraio, affidata al 1° Fronte Ucraino. Koniev intendeva rompere le linee difensive tedesche tra Steinau (oggi Scinawa) e Ohlau (oggi Olawa), a nord e a sud della città di Breslau, che erano in contatto con le teste di ponte sovietiche sul fiume Oder (queste teste di ponte, ricordiamo, erano già state realizzate alla fine della precedente offensiva sovietica dalla Vistola all'Oder). Infine, il 7° Corpo di Guardia Motorizzata, la 6ª Armata, la 5ª Armata e il 4° Corpo della Guardia Corazzata furono le unità assegnate a circondare la città dalle loro teste di ponte sull'Oder. D'altra parte, la città rappresentava l'ultima testa di ponte tedesca sull'Oder, cosa che i russi non potevano permettere nonostante le difficoltà che il disgelo causava loro quando avanzavano.

L'attacco iniziò con un fuoco di sbarramento di artiglieria di 50 minuti, e alle 6 del mattino cominciò l'attacco alle truppe tedesche malconce. Davanti a loro c'era il Gruppo "Centro" dell'esercito tedesco (ricordate che fino al 25 gennaio si chiamava Gruppo Esercito "A"), sotto il comando di Ferdinand Schörner. Anche se chiaramente in minoranza rispetto ai russi, anche i tedeschi sotto un comando così qualificato erano ancora in grado di minacciare i movimenti sovietici verso Berlino. Fin dal primo momento le unità che più si opposero nella zona furono i Panzer Korps LVII o le Divisioni Panzer 19ª e 20ª che fecero due contrattacchi da Ratibor (Raciborz) il primo e da Jauer (Jawor) e Striegau (Strzegom) il secondo, fermando il tentativo di chiusura a sud della città del 7° Corpo di Guardia Motorizzata. In questi attacchi riuscirono a separare e ad isolare temporaneamente dal grosso delle loro truppe la 25ª e la 57ª Brigata motorizzata del 7° Corpo.

Alla fine della giornata, l'avanzata aveva raggiunto in alcuni punti i 60 km. Lasciata alle spalle la capitale della Slesia, la 3ª Armata della Guardia Corazzata ricevette l'ordine di dirigersi a sud e poi a est per "chiudere" l'assedio alla città dalle sue retrovie. Il momento più critico della battaglia fu il 13 febbraio quando la 19ª divisione Panzer resistette con le sue ultime forze per tenere aperto l'ultimo collegamento in possesso tedesco di Breslau con il resto del Reich; l'autostrada nella zona di Kostomloty. Altre unità tedesche impegnate nella difesa dell'area, come la 17ª e la 269ª Divisione di fanteria, ricevettero lo stesso giorno l'ordine di ritirarsi immediatamente a causa dell'imminente pericolo di essere circondate dalla rapida avanzata sovietica; ritiro che fu parzialmente effettuato nelle prime ore del 13 e 14 febbraio. La diciassettesima divisione del generale Sachsenheimer, dopo aver combattuto in battaglie difensive dalla Vistola all'attuale Oder rallentando l'avanzata sovietica, poté lasciare alcuni uomini e soprattutto armi pesanti ai suoi compagni di Breslau, prima di dirigersi verso sud.

La Luftwaffe cercò con tutti i mezzi a disposizione di offrire supporto alle truppe di terra anche se i suoi stessi limiti di carburante e di piloti si scontrarono con l'immensa superiorità aerea dei sovietici.

Un evento che risultò di fondamentale importanza nei giorni successivi all'assedio di Breslau fu quello che si verificò proprio mentre l'assedio veniva chiuso. Tra le unità in ritirata urgente nell'area di Breslau c'era un distaccamento della 311ª Brigata Sturmgeschütz (Brigata d'assalto con armi da fuoco) composta da 6 Sturmgeschütz III sotto l'Oberwachmeister Hartmann. Come abbiamo detto, questa unità era attaccata alla 17ª divisione di fanteria e cercando di fuggire dalla sacca che i sovietici stavano formando sopra la Fortezza, si resero conto che era impossibile raggiungere questo obiettivo poiché le truppe sovietiche erano sulla loro strada; così decisero di tornare indietro e raggiungere Breslau. Subito, le formazioni corazzate di Breslau raddoppiarono il loro numero rispetto a quello che avevano fino ad allora. Dopo il loro arrivo si unirono alla cosiddetta Compagnia Breslau Panzer.

L'assedio venne ufficialmente annunciato dal Comando supremo sovietico il 14 febbraio, essendosi materializzato nel sud-ovest della città. Lo stesso giorno, alla 309ª Divisione dei Fucilieri sovietici, appartenente al 22° Corpo dei Fucilieri dell'esercito del generale Gluzdovsky, fu ordinato di avanzare attraverso le propaggini meridionali della fortezza di Breslau. In questo attacco riuscirono a catturare Opperau, uno dei sobborghi della capitale della Bassa Slesia, che sarebbe stato il punto di partenza per preparare l'assalto alla città. Evidentemente altre unità furono coinvolte negli attacchi a questo settore del fronte, con un massimo di dieci divisioni di fucilieri che intervennero una dopo l'altra oltre alle truppe corazzate.

L'attacco da sud non venne anticipato in tempo dai tedeschi, che si aspettavano che provenisse principalmente da nord e da est, e per questo motivo dal 10 febbraio trasferirono molti dei rifugiati in quella zona, ma quando l'attacco da sud-ovest fu confermato, dovettero di nuovo essere spostati in zone meno esposte della città. Da parte loro, i tedeschi annunciarono la chiusura dell'assedio un giorno dopo, il 15. In ogni caso, l'assedio si realizzò collegando gli uomini della 3ª Armata della Guardia con le truppe della 4ª Armata provenienti dalla testa di ponte di Steinau, dopo due giorni di combattimenti per raggiungere questo obiettivo. Con l'idea fissa di non perdere altro tempo nella corsa a Berlino, Koniev decise di lasciare la 6ª Armata del generale Vladimir Gluzdovsky coi compiti di accerchiamento di Breslau (con una divisione della 52ª armata alleggerita annessa ad est, aggiungendo circa 150.000 uomini), dirigendo la maggior parte delle sue truppe verso ovest attraverso le terre della Slesia. Anche se a causa della tenace resistenza delle truppe di Breslau, Koniev dovette inviare due terzi della sua 3ª guardia corazzata (guidata da Ribalko) indietro e ad est per sostenere le sue truppe di stanza. La rapida avanzata sovietica attraverso la Slesia fece sì che proprio il giorno in cui l'assedio di Breslau venne chiuso, solo la 269ª divisione di fanteria (o piuttosto i suoi resti, soprattutto dopo la battaglia di Olesnica) riuscì a ritirarsi in ordine, poiché il resto delle formazioni tedesche fu letteralmente sopraffatto dall'avanzata. Nonostante ciò, non tutta la Divisione riuscì ad evitare l'accerchiamento, lasciando parte dell'unità nella capitale della Slesia e quindi incorporata nella difesa della stessa, formando il nucleo di combattimento della 609ª Divisione.

La 6ª Armata, sebbene ben consolidata nei combattimenti precedenti, era un'unità relativamente debole dell'esercito sovietico (come abbiamo commentato in precedenza), quindi venne scelta per il compito di porre fine alla resistenza a Breslau. L'idea di Hitler era che le sue fortezze avrebbero costretto all'assedio il maggior numero di truppe sovietiche nella loro avanzata, ma il maresciallo Koniev ragionò giustamente in altro modo: *"Il nemico ha agito con calcolo, seguendo un certo piano. Egli cercò, mentre ci addentravamo in Germania, di deconcentrare le nostre forze, di trattenere il maggior numero possibile di truppe sovietiche nel bloccare i centri fortificati, grandi e piccoli, per costringerci a cessare anticipatamente l'offensiva"*. Per questo motivo non cadde nella trappola e riuscì in un colpo solo a continuare la sua offensiva con quasi tutte le sue truppe, evitando qualsiasi tipo di attacco dalle retrovie delle truppe di stanza a Breslau.

▲ Uno dei modelli di braccialetto utilizzati dalle truppe appartenenti al Volkssturm da identificare. Il Volkssturm, letteralmente la "forza d'assalto del popolo", fu creato il 18 ottobre 1944, ed era composto da tutti i maschi di età compresa tra i 16 e 60 anni che non erano arruolati nell'esercito.

▲ I versatili aerei Fieseler Fi 156 Storch potevano atterrare senza difficoltà su qualsiasi strada abbastanza larga.

▼ Due soldati del Volkssturm, uno appena adolescente e l'altro più esperto, di stanza in un posto di guardia a Ratibor (Slesia). Nonostante il loro coraggio, i Volkssturm non erano adeguatamente preparati ad agire come qualsiasi altra unità dell'esercito. Bundesarchiv.

▲ Una fotografia (scattata sul fronte occidentale nel 1944) mostra una coppia di paracadutisti appositamente addestrati al combattimento anticarro. Il primo è armato con il panzerschreck (simile al Bazooka americano) e il secondo con le scatole di munizioni per quell'arma. I paracadutisti sono stati uno dei pezzi chiave per mantenere la difesa di Breslau fino alla fine della guerra mondiale. Bundesarchiv.

▼ Paracadutista tedesco che difende una posizione con il FG 42 (Fallschirmgewehr 42), creata appositamente per l'uso da parte di questi soldati. Forse durante la battaglia per Breslau quest'arma sofisticata venne sostituita da altre più facili da fabbricare come la MP 40 o la StG 44.

▲ Due membri del Volkssturm posizionati in un edificio semidistrutto con una mitragliatrice MG 42 in uno dei tanti scontri contro i sovietici in una città della Slesia nell'aprile 1945. È degno di nota il fatto che gli elmetti utilizzati dai due uomini siano di origine cecoslovacca e appartengano al bottino di guerra che la Germania aveva accumulato durante gli anni del conflitto mondiale. Bundesarchiv.

▲ Vari telai di Carri Pz IV utilizzati per l'assemblaggio delle torri Flak 30/38 Flakvierling da 2 cm nella fabbrica FAMO di Breslau.

▼ Un cannone ISU-122 semovente armato con un cannone da 122 mm del 1° Fronte Ucraino attraversa un ponte durante l'offensiva della Vistola-Oder. La superiorità dei sovietici in uomini e mezzi rispetto ai difensori di Breslau era schiacciante.

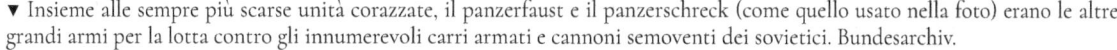

▲ Diversi soldati sovietici sono impegnati a caricare una batteria di razzi Katiushka. Un altro veicolo simile si vede sullo sfondo. La potenza di fuoco di questi veicoli fu responsabile, insieme all'artiglieria convenzionale, della distruzione pratica delle difese tedesche di Neisse il 16 aprile 1945.

▼ Insieme alle sempre più scarse unità corazzate, il panzerfaust e il panzerschreck (come quello usato nella foto) erano le altre grandi armi per la lotta contro gli innumerevoli carri armati e cannoni semoventi dei sovietici. Bundesarchiv.

▲ L'altro aliante utilizzato dal primo gruppo di paracadutisti per raggiungere Breslau fu il DFS-230, come quello della foto, accompagnato da uno Ju 87 Stuka. Con la capacità di trasportare 10 soldati equipaggiati, era molto vulnerabile al fuoco nemico durante le manovre di atterraggio a Breslau. Bundesarchiv.

▼Una batteria di artiglieria sovietica bombarda le postazioni difensive tedesche. In questo caso specifico l'obiettivo erano lae Seelow Heights, anche se nella zona orientale della Sassonia l'intervento sovietico del 16 aprile è stato preceduto anche dal fuoco dell'artiglieria pesante. Bundesarchiv.

SI STRINGE IL CERCHIO

Una volta completato l'assedio, senza ulteriori indugi, i sovietici sferrarono un violento attacco alla città e ai suoi dintorni. La composizione della 6ª Armata nel febbraio 1945, quando iniziò la sua azione contro la fortezza di Breslau, fu la seguente:

- 22° Corpo dei Fucilieri, composto dalla 218° e dalla 309° Divisione Fucilieri.
- 74° Corpo dei Fucilieri, composto dalla 181° e 359° Divisione Fucilieri.
- 159ª Brigata d'Artiglieria Pesante.
- 1248° Reggimento di artiglieria anticarro.
- 1531° Reggimento dei mortai.
- 563° Reggimento di artiglieria anticarro.
- 22° Battaglione Lanciafiamme Indipendente
- 62° Brigata degli Ingegneri.
- 31° Divisione Artiglieria.
- 37° Brigata di artiglieria anticarro

E dal 17 febbraio sarebbe stata rafforzata con:
- 249ª Divisione Fucili.
- 77ª Sezione Fortificazione dei campi.

Si ritiene che i sovietici avessero circa 520 cannoni da campo e anticarro, circa 150 cannoni antiaerei e circa 50 lanciarazzi Katiuskas sul campo di battaglia, mentre Gluzdovsky stimava che le truppe accerchiate a Breslau sarebbero state di circa 65.000 uomini, 559 cannoni, 534 mortai e 37 carri armati o caccia carri. Forti della loro superiorità materiale, centinaia di carri armati cercarono di investire i difensori prima che potessero reagire; ma il risultato fu del tutto contrario alle previsioni sovietiche. Ci furono diverse ragioni per questa piccola battuta d'arresto sia da parte sovietica che tedesca. I sovietici inviarono varie unità della 6ª Armata con scarso coordinamento e i loro attacchi non furono pienamente efficaci. Da parte loro, i tedeschi, impregnati dello spirito difensivo di von Ahlfen, si avvalsero dei vantaggi che i combattimenti di strada consentivano, infliggendo ai sovietici molte perdite. Per promuovere la difesa, furono dati ordini di demolire molti degli edifici che avrebbero rallentato l'attaccante e consentito rapidi contrattacchi tedeschi.

Le strade e i dintorni di Breslau divennero centinaia di piccole fortificazioni e barricate sparse lungo le strade della città, per le quali erano stati utilizzati tutti i materiali disponibili, così come quelli ottenuti dagli edifici o dall'acciottolato delle strade. Molti edifici furono fatti saltare in aria per consentire una migliore difesa dell'area e buona visione per sparare al nemico da parte delle truppe combattenti. Anche migliaia di libri della Biblioteca Universitaria finirono in queste barricate. Per tutto questo lavoro, come detto, i civili e i lavoratori

▲ Dall'ottobre 1944, in molte città del Reich, sono stati creati punti di arruolamento nel Volkssturm, come quello mostrato nella foto. Questi uomini hanno svolto un ruolo importante nello schema di difesa di Breslau.

forzati venivano utilizzati fino allo sfinimento.

Anche il terrapieno ferroviario o la zona industriale vicino alla città fu utilizzato come elemento difensivo. Tutto doveva essere usato per fermare l'avanzata russa e causare più danni possibili.

Ma la dottrina militare praticata a Breslau non si basava solo sui movimenti difensivi, ma ogni volta che era possibile, si effettuavano piccoli contrattacchi per recuperare il terreno perduto e aumentare le perdite ai sovietici. Infatti, l'attacco russo del giorno 8, che permise loro di conquistare un'altra testa di ponte sull'Oder ghiacciato (a circa 15 chilometri dalla città di Breslau), fu reso vano da un contrattacco degli uomini del reggimento Besslein, che fecero buon uso di tutto il loro arsenale, compresi i lanciafiamme. Il risultato del contrattacco fu l'annientamento della testa di ponte russa e la sua fuga attraverso il fiume. Questa sarà una delle prime azioni del Reggimento Besslein, la cui ferocia in battaglia la renderà temibile per le truppe russe che dovettero affrontare i suoi uomini.

Dopo aver sopportato il primo colpo, la lotta si trasformò in un massacro per entrambe le parti, in cui centinaia di uomini morirono per difendere o conquistare un solo tratto di dieci metri della Fortezza.

I combattimenti continuarono giorno dopo giorno a causa delle pressioni russe sui difensori. In uno di questi, il 10 febbraio, i sovietici attaccarono nel settore nord-est della Fortezza, difeso dal Reggimento Mohr. L'avanzata di alcune truppe della 249ª Divisione Fucilieri penetrò occupando alcune aree come la cartiera o un'area ricreativa e minacciando di prendere la stazione ferroviaria di Hunsfeld. Lì il 2° battaglione reggimentale, sotto il comando del maggiore Tenschert, si fermò e arrestò temporaneamente l'avanzata. La situazione divenne così critica che il 2° Battaglione del Reggimento "Mohr", il 1° Battaglione del Reggimento "Wehl", fu inviato in aiuto. Dopo diversi contrattacchi, il 15 i tedeschi dovettero ritirarsi, rinunciando al terreno conteso.

Il risultato finale di questo attacco agli uomini del "Mohr" si può riassumere per i tedeschi come la rinuncia ad un'area di circa 3 x 6 chilometri in cui si trovavano le popolazioni di Görlitz, Hunsfeld e Sackrau, ma alla fine riuscirono per lo meno a fermare i russi e a stabilizzare la prima linea. Nel frattempo l'artiglieria e l'aviazione sovietica continuarono a martellare la città, raggiungendo la piazza del mercato il 9 febbraio provocando numerose vittime tra la popolazione civile.

L'eterogenea artiglieria di Breslau riuscì a colpire anche molti veicoli corazzati e soldati di fanteria sovietica grazie alla buona distribuzione dei suoi pezzi in tutta la Fortezza. Oltre ad una batteria di artiglieria indipendente, altre tre erano posizionate nelle zone nord, sud-ovest e ovest.

Durante gli scontri contro i tedeschi, i russi dovettero imparare dai loro errori per poter affrontare un nemico motivato in posizioni difensive in ambiente urbano. La tattica usata tante volte, soprattutto nella prima metà della guerra, dell'assalto massiccio di centinaia e centinaia di soldati, si rivelò mortale e impraticabile se affrontata contro avversari ben muniti di armi automatiche puntate contro di loro. Allo stesso modo, la tattica seguita dai sovietici, non raccomandava l'invio di unità di carri armati all'interno di una città in mani nemiche, poiché i loro movimenti erano limitati alla disposizione dell'assetto urbano, che nello stesso tempo costituivano un terreno perfetto per la creazione di barricate, oltre che di ostacoli anticarro che "incanalavano" la direzione dell'avanzata dei mezzi corazzati, portandoli a subire agguati da cui venivano malamente colpiti a causa della panoplia di mezzi anticarro dei tedeschi.

Il cambiamento tattico consistette nell'utilizzo dei cosiddetti gruppi d'assalto, composti da soldati veterani in prima linea insieme a genieri dove proliferavano mitragliatrici, lanciafiamme o anche panzerfaust precedentemente catturati e sostenuti da artiglieria e fuoco corazzato. Questi piccoli gruppi dovevano agire individualmente sugli edifici in possesso delle truppe tedesche per poterli affrontare in combattimento ravvicinato. Dopo di che, si trattava di prenderne un altro e così via fino a quando non poterono occupare interi quartieri. Anche se la lotta non fu facile e la tenace resistenza tedesca contrastava fino a bloccare in molti casi questi attacchi sovietici. Gli assalti agli edifici a volte assumevano un tono così onirico che, in un edificio, un piano poteva essere occupato dai tedeschi e un altro dai sovietici, e la scala tra l'uno e l'altro era la linea del fronte. Un'arma ampiamente utilizzata da entrambe le parti era il mortaio, in quanto permetteva di battere ampie zone anche in prossimità (a volte i tedeschi dovevano sparare dai cortili delle case quasi con i loro pezzi in verticale a causa della vicinanza del nemico) con effetti devastanti.

L'avanzata dei carri armati sovietici non era ancora così restrittiva nelle zone più periferiche della città a causa dell'elevato numero di parchi, giardini, parchi, ecc. che permetteva loro di superare i possibili punti di resistenza tedesca e di attaccarli da diversi fianchi. Ma quando si addentravano nella zona più urbanizzata, ridotta a macerie nella maggior parte delle occasioni, i loro spostamenti erano molto limitati, esponendoli pericolosamente al fuoco nemico. A questo scopo, interi quartieri vennero ridotti in macerie per ordine del Gauleiter e strade come Memelstrasse, Tiergartenstrasse, Götzenstrasse o Sadowastrasse furono letteralmente distrutte e trasformate in barricate. La presenza dei sovietici nella zona periferica della città e la completa chiusura delle barricate determinò l'ordine del comandante della piazza von Ahlfen di ridurre al minimo il consumo di carburante, lasciandolo ai veicoli da combattimento e al trasporto dei feriti; tutto il trasporto dei rifornimenti all'interno della città sarebbe stato effettuato con carri trainati da cavalli.

L'11 febbraio i tedeschi riuscirono ad effettuare un contrattacco con le truppe della 609ª divisione, della 208ª divisione di fanteria, della 269ª divisione (Volksgrenadier) e di dieci battaglioni del Volksturm, rallentando i sovietici. Ma il 13° continuò l'inesorabile pressione sovietica verso Breslau dopo aver costretto queste unità tedesche a ritirarsi.

Il 16 febbraio, dopo l'ultimatum, senza risposta, di Gluzdovsky a von Ahlfen affinché si arrendesse, i sovietici sferrarono un attacco diretto alla città da sud e da est, che divenne di nuovo un sanguinoso scontro tra le due parti. Le forze sovietiche utilizzarono brevemente la loro devastante artiglieria pesante e poi penetrarono con carri armati e fanteria dietro le linee nemiche, mentre i tedeschi combatterono fino alla fine per ogni barricata e ogni bunker a difesa. I difensori ben disposti poterono usare i loro sistemi difensivi sovrapposti per neutralizzare i veicoli corazzati con panzerfaust e lanciagranate o dispositivi incendiari, ma dovettero ritirarsi di circa due chilometri dopo quattro giorni di aspri combattimenti. I combattimenti più intensi si svolsero nell'area aeroportuale, oltre che nell'importante zona industriale della città. Durante i primi tre giorni di combattimenti, i russi persero circa 70 carri armati, oltre a moltissimi uomini, in agguati per strada. Nelle due settimane successive, le forze corazzate russe subirono violenti perdite (a causa delle tattiche inadeguate di una guardia avanzata accompagnata da gruppi d'assalto) che provocò la perdita di almeno altri 100 veicoli corazzati. Lo stesso problema occorse ai sovietici nella lotta per le strade di Berlino, con altrettanti risultati disastrosi. La soluzione arrivò quando finalmente l'artiglieria fu utilizzata per "ammorbidire" i difensori, prima di inviare i mezzi corazzati. La città cominciò a riempirsi di cadaveri di militari e civili, un'immagine triste che a Breslau sarebbe diventata sempre più di routine.

Sebbene i sovietici testarono contemporaneamente le difese tedesche in altre parti della Fortezza, questi attacchi furono di minore intensità. In realtà furono i russi a subire un attacco tedesco. I responsabili erano l'unità più combattiva dei tedeschi, di nuovo il Reggimento Besslein. Fu il 18 febbraio che gli uomini del Besslein attaccarono la testa di ponte sovietica a Piekewitz, ad est della città. In questo contrattacco, con l'appoggio di tre veicoli Goliat sotto il comando del tenente Kohne e dello Sturmgeschütz III sotto Hartmann, riuscirono a lanciare i Goliat alle 6 del mattino circa contro il ponte della Reichstrasse 5 sull'Oder e a distruggerlo (uno esplose al centro del ponte, un altro all'inizio dello stesso e il terzo in una delle colonne di supporto del ponte), lasciando molti nemici intrappolati tra il fiume e i tedeschi. Di fronte al nemico sorpreso, i tedeschi caricarono violentemente, arrivando al combattimento vicino al nemico e senza pietà. Anche se i sovietici riuscirono a costruire un ponte di emergenza per sostituire l'altro, fu anch'esso distrutto da un Goliat. Il risultato fu un'altra vittoria per il reggimento Besslein (che continuava a rinforzare la sua terribile reputazione tra i russi) e la perdita della testa di ponte russa. Inoltre, era possibile vedere quanto il Goliat potesse essere utile nei compiti di distruzione, oltre a rompere le formazioni di fanteria nemica, dal momento che non erano ancora state utilizzate nell'accerchiamento.

La tattica sovietica era quella di non dare tregua ai difensori e di estenuarli sia materialmente che fisicamente, così il 19 febbraio iniziò un'altra offensiva, in questo caso diretta verso il settore sud-est difeso prima dal Reggimento Wehl e poi dal Reggimento Mohr. Infatti, nei primi giorni dei combattimenti, le truppe di ricognizione della 309ª Divisione Fucilieri sostenute da uomini del 372ª Reggimento Fucilieri e della 218ª Divisione Fucilieri riuscirono a sconfiggere gli uomini del Reggimento Wehl nel settore sud-est della città avanzando dalla Kurfürstenstrasse e dalla Gabitzstrasse. Gli uomini del reggimento Wehl dovettero ritirarsi nella Kürassierstrasse e rifugiarsi nei giardini delle case che vi si trovano. All'angolo di entrambe le strade si trovava l'edificio Kürassierkasernen, attraverso il quale tedeschi e sovietici combattevano ferocemente, finché venne preso finalmente in mano dai sovietici. I sovietici del 309° continuarono il loro attacco, prendendo anche un deposito di carburante e avendo persino la stazione radio della città "a portata di mano". I sovietici, supportati da alcuni cannoni e carri armati semoventi, aumentarono la pressione sulla precaria linea difensiva ricostruita dagli uomini di Wehl, riuscendo a raggiungere la stazione radio prima del tramonto dopo aver perso non meno di un T-34/85 e diversi SU-76m. Per catturarla si mandarono i soldati della 309ª Divisione travestiti da uniformi tedesche, che presero quindi il sopravvento in quel luogo. Il 19 febbraio, un nuovo attacco in questo settore mise i sovietici di fronte alle truppe tedesche di stanza sul terrapieno ferroviario, e dopo aver ottenuto l'accesso ad alcune zone della ferrovia, i genieri russi riuscirono a fare un passaggio di circa 70 metri attraverso le varie barriere difensive tedesche in quella zona. Grazie a questa azione riuscirono ad occupare un deposito di tram dopo diversi cambi di mano. I tedeschi dovettero rifugiarsi nei bunker e nel sistema fognario per la prima fase dell'assalto sovietico, avvenuto alle 10:40 circa, assalto che tuttavia riuscirono a fermare temporaneamente.

Ancora una volta i tedeschi, dopo quei duri combattimenti che li avevano costretti a ritirarsi di un paio di chilometri, riuscirono a dare un nuovo colpo all'invasore. In questo caso furono i ragazzi del 55° Battaglione del Volkssturm i protagonisti, e dobbiamo ricordare che insieme al 56° Battaglione comandato da Lindenschmitt, si trattava dei due battaglioni, all'interno delle unità del Volkssturm della città, composti da ragazzi della Gioventù hitleriana. Sotto il comando dell'hauptmann Seifert respinsero l'avanzata sovietica sull'area dell'argine e riconquistarono la stazione ferroviaria di Pöpelwitz e la fabbrica di Rutgers, facendo ampio uso di bombe a mano. In questi combattimenti, i ragazzi della JH riuscirono a distruggere almeno 25 carri armati sovietici.

Il motivo per cui alcuni soldati russi veterani furono respinti da giovani meno esperti, spesso incoscienti e di grande coraggio, ha diverse spiegazioni: il loro marcato indottrinamento, essendo comandati da capi esperti, e la loro ottima dotazione di armamenti e di equipaggiamento, trasformavano dei ragazzi inesperti in unità molto aggressive contro il nemico nonostante la loro giovane età. E non solo mostrarono questo atteggiamento feroce nelle azioni offensive, ma anche in quelle difensive, che motivarono un marcato spirito di vendetta da parte dei soldati sovietici ogni volta che catturavano un membro di questi due battaglioni.

Infine, grazie in gran parte ai ragazzi della JH, i russi vennero respinti dalla zona del terrapieno ferroviario, anche se lungo il percorso ci furono più di 100 morti e feriti tra i morti e i feriti del 55° Battaglione. Approfittando di questa pausa, il 22 febbraio si decise di ritirare gli uomini molto provati del Reggimento Wehl facendo posto al più potente Reggimento Mohr, che non era stato coinvolto in grandi combattimenti nella sua posizione nel settore nord-orientale (proprio dove il malconcio Reggimento Wehl sarebbe stato successivamente schierato). Lo stesso giorno, la 6ª Armata occupò tre sobborghi della città, arrivando il giorno dopo al perimetro sud della città, e il 24 raggiunse il centro della città.

Lo stesso giorno 19 in cui i sovietici iniziarono la loro offensiva in direzione del deposito dei tram, altre unità russe sferrarono un nuovo attacco, in questo caso da sud-ovest. Lì affrontarono i difensori del Reggimento "Reinkorber" (appartenente alla 609ª Divisione) che riuscirono a respingere dopo intensi combattimenti. Tuttavia, l'avanzata sovietica non fu così profonda a causa della complicata rete urbana e delle aree demolite dai difensori, che permise loro di creare numerosi punti di forte resistenza che rendevano molto difficili le azioni offensive.

Il 20, in coincidenza con le azioni degli JH, anche il Reggimento Hanf, situato un po' più a ovest del perimetro difensivo, dovette combattere duramente contro gli attaccanti. Respinsero un attacco da parte di veicoli corazzati nascosti dietro il muro di una chiesa con il loro panzerfaust, così come diversi pezzi d'artiglieria che venivano avvicinati dal fronte dai russi su una strada. In questa occasione, gli uomini di Hanf riuscirono a far ritirare i russi.

Anche in questo caso gli uomini esausti del Reggimento Wehl dovettero resistere ad un'altra spinta degli attaccanti, avvenne tutto il 24 febbraio quando, dopo aver preso il quartier generale dell'VIII Quartier Generale del Distretto Militare, cercarono di proseguire in direzione delle linee ferroviarie davanti a loro. I difensori, decimati dopo gli attacchi iniziati il 19, potevano offrire poca resistenza e la linea di difesa della Fortezza rischiava davvero di essere spezzata e penetrata. I soldati di Wehl si posizionarono sulla linea ferroviaria come ultima linea di difesa, pronti a vendere a caro prezzo la loro vita. Ma quando tutto sembrava perduto, ricevettero l'appoggio dei battaglioni del Reggimento Mohr che avevano ricevuto l'ordine di rinforzare quel settore in vista dell'imminente pericolo di rottura. Quello che trovarono lì al loro arrivo fu l'inferno, mentre i sovietici sfoggiavano la loro potenza di artiglieria con fuoco di vari calibri, razzi Katiuskas e attacchi aerei con mezzi Pe-2.

I tedeschi, mentre cercavano di resistere ad ogni piega in ogni linea di difesa, erano flessibili nel doversi ritirare nel modo più ordinato possibile se la situazione lo avesse richiesto. In questo modo sarebbero potuti tornare a formare di nuovo qualche metro dietro, affrontando l'avversario e, se possibile, fare qualche contrattacco per recuperare il territorio perduto. Va ricordato che la ritirata tattica è, dopo tutto, uno degli aspetti più importanti delle manovre di un esercito in combattimento. All'inizio i russi usavano la tattica di dare fuoco agli edifici dove i difensori si nascondevano, con bombe incendiarie e colpi di mortaio. Così riuscivano ad espellere i tedeschi dagli edifici e a quel punto potevano agire contro di loro. Da parte loro, i tedeschi, per evitare questa situazione, appiccavano per primi il fuoco agli edifici stessi, fungendo da rifugio per aspettare i sovietici. Ma la confusione delle linee del fronte nel terreno urbano con molteplici attacchi e contrattacchi, portò i genieri sovietici in molte occasioni alla necessità di piazzare mine in interi quartieri catturati per evitare che i tedeschi le recuperassero e le usassero come postazioni dove installare le loro mitragliatrici e i loro mortai.

I sovietici avevano ben chiaro che di fronte a un fuoco di resistenza, erano i genieri e i fanti ad avere il compito di attaccarlo, con l'appoggio dell'artiglieria e dei lanciafiamme; questo doveva provocare la saturazione delle truppe difensive, che non sarebbero state in grado di affrontare il passaggio dei blindati in quel settore. Poiché gli uomini con panzerfaust o panzerschrek situati in posizioni basse, come i detriti ai piedi degli edifici o le finestre del seminterrato erano lì in agguato.

I sovietici sottolinearono l'importanza di non disperdere le truppe d'attacco in modo troppo sottile, per evitare che fossero attaccate in condizioni di inferiorità e di attaccare su un fronte relativamente stretto con ogni gruppo d'assalto. I soldati sovietici cominciarono a spostarsi di casa in casa piuttosto che avanzare in linea retta per le strade. I loro spostamenti dipendevano dalle condizioni del terreno, cioè edifici crollati con molti detriti che occupavano le strade. Impararono anche, come i difensori, che spesso non era necessario uscire in strada per andare dall'uno all'altro. Poiché era evidentemente troppo pericoloso avanzare per le strade, l'abbondanza di panzerfaust (sia fra i tedeschi che fra i sovietici che ne avevano catturati parecchi) permise, attraverso l'apertura di interstizi tra i muri degli edifici, la creazione di "corridoi" paralleli alle strade, molto più sicuri di queste. Mentre queste truppe marciavano "a livello del suolo", altri uomini si impadronivano dei piani superiori degli edifici per utilizzare le mansarde come collegamento tra gli edifici. Un corrispondente sovietico, riferendosi al modo in cui i combattimenti hanno avuto luogo in città, disse: *"I gruppi d'assalto non hanno mai marciato per le strade. Sarebbe stato impossibile. Avanzavano lungo i corridoi creati dalle esplosioni attraverso il centro delle file di case. Un colpo nel muro creava una porta e così via"*.

In questa occasione, gli uomini dei reggimenti Wehl e Mohr riuscirono per il momento a tenere a bada le unità di avanzata sovietica nel sud della città, ma ogni minuto che passava la situazione diventava sempre più disperata per i difensori, così dovettero ritirarsi qualche centinaio di metri per formare una nuova linea di difesa. Da parte sovietica, pur avendo un chiaro vantaggio in termini di soldati e di armi sui difensori, vale la pena sottolineare le numerose perdite subite. Questo, unito alla sensazione che la guerra fosse ormai finita e che questi soldati volessero sopravvivere, diede una tinta più drammatica ai combattimenti.

La sofferenza della popolazione civile, costretta a partecipare a questo terribile dramma di Breslau, suscitò commenti come quello di uno dei suoi abitanti a questo proposito: *"Morte ovunque, per l'ordine insignificante di Hitler. Quanti giorni vivrò e come morirò? Durerà a lungo o sarà veloce? Queste erano le domande che mi ponevo. C'era un desiderio, un forte desiderio. Il desiderio di una nuova vita, con tutto in ordine, o di potersi innamorare di nuovo. Speravamo che accadesse un miracolo. Ci siamo detti: "Resisti, anche se tutto è perduto"*.

Secondo le testimonianze dei testimoni dell'assedio, i russi seguirono uno schema di routine con il bombardamento della città. Di solito durante le ore notturne si manteneva la tranquillità, tra le 6 e le 10 del mattino si notava il fuoco dell'artiglieria sul centro della città. Tra le 10 e le 13 intervenivano gli aerei, prima i cacciabombardieri in volo basso (che potevano colpire qualsiasi zona della città con il fuoco sia militare che civile) e poi i bombardieri che continuavano a schiacciare la città, con alcune interruzioni, fino alle 18. Era buio quando, approfittando della relativamente scarsa attività sovietica, gli aerei di rifornimento tedeschi cercarono di avvicinarsi alla città evitando i caccia nemici.

Il Partito nazista, attraverso il suo giornale della Slesia, il *"Schlesische Tageszeitung"*, indicava in prima pagina di agire come il *"Diario del fronte della fortezza di Breslau"*, occupandosi non solo degli uomini della guarnigione, ma anche dei civili di Breslau. Questa pubblicazione riportava l'andamento dei combattimenti, ma incoraggiava sempre i difensori a resistere, e mostrava anche ai civili come usare un Panzerfaust.

A causa della chiusura dell'assedio e quindi della linea ferroviaria che collegava Breslau al resto del Reich tedesco, l'arrivo di nuove truppe, la fornitura di cibo e munizioni e l'evacuazione dei feriti più gravi doveva essere effettuata esclusivamente per via aerea dall'aeroporto di Gandau. Questo aeroporto, costruito nel 1910, era stato testimone nel 1939 Dell'attività dei 53 Ju-52/3m di trasporto appartenenti alla IV./KG z.b.V.2 Che parteciparono all'attacco alla Polonia.

La maggior parte dei trasporti di rifornimenti e truppe cadde sull'He-111 e sull'onorevole Ju-52/3m dell'I. e II./TG 3 (Gruppi I e II del 3° Squadrone Trasporti); con il Gruppo I inizialmente basato a Senftenberg-Buchwalde, anche se la maggior parte delle sue missioni sarebbe stata dispiegata dagli aeroporti di Dresda-Klotzsche e Jüterbog. E se è vero che all'inizio per questo trasporto di rifornimenti si volava anche di giorno, in breve tempo si dovette approfittare del buio della notte a causa della potente artiglieria antiaerea sovietica.

Dal 7 febbraio ad aprile, il solo I Gruppe effettuò 566 missioni di rifornimento aereo a Breslau (in totale vi furono circa 2.000 voli a Breslau negli ultimi tre mesi di guerra). Durante questi voli, spostò 3.770 soldati e 657 tonnellate di rifornimenti vari; permise anche l'evacuazione di 3.282 feriti (un fatto questo che aumentò il morale dei difensori). Nonostante il loro grande lavoro, questi voli erano molto pericolosi, in quanto l'aeroporto era sotto il fuoco nemico, a parte i molteplici cannoni antiaerei russi accompagnati da proiettori che avevano il compito di monitorare i cieli notturni di Breslau per prevenire tali voli. Almeno nel II Gruppe 52 Junkers vennero abbattuti o distrutti dopo l'atterraggio, con più di un centinaio di morti e feriti negli equipaggi di questi aerei.

Serva come esempio il giorno in cui Breslau ricevette un importante ponte aereo: era il 18 febbraio quando 44 J-52/3m e 58 He-111 furono inviati in città, 24 J-52/3m e 51 He-111 arrivarono sani e salvi, trasportando rispettivamente 49 e 34 tonnellate di munizioni. Sulla via del ritorno, questi aerei riuscirono a sfrattare più di 200 persone dalla città, principalmente feriti. Anche se il numero di aerei da trasporto dedicati a questo compito non era sempre così elevato, almeno per tutti i giorni del ponte aereo tra febbraio e inizio marzo, era raro che scendessero sotto la dozzina, con la cifra che di solito si muoveva tra i 15 e i 30 aerei.

Bisogna riconoscere il ruolo della Luftwaffe nel mantenere viva la resistenza a Breslau. Senza di essa, i rifornimenti (soprattutto le munizioni) sarebbero stati scarsi già poco dopo l'inizio dell'assedio e la prima offensiva sovietica. Ma non possiamo dimenticare i centinaia di sfollati che quantomeno ebbero la possibilità di rimanere vivi in un'altra parte del Reich, perché a Breslau, negli affollati ospedali da campo dove la mancanza di igiene e la scarsità di materiali era una situazione che si viveva ogni giorno, in molti casi sarebbero periti.

Da quando i sovietici iniziarono il loro assedio, diedero sempre più importanza alla rottura del "cordone ombelicale" che per gli abitanti di Breslau rappresentava l'aeroporto di Gandau. Poiché si trovava ad est della popolazione, lì furono spostati cannoni antiaerei di tutti i calibri e almeno 30 riflettori, rendendo quasi impossibile l'arrivo di un singolo aereo non rilevato e quindi oggetto di un'accoglienza micidiale. I piloti della Luftwaffe dovevano cercare alcuni trucchi che almeno ritardassero la possibilità di essere rilevati, come volare ad alta quota o fermare i motori quando si avvicinavano alla zona della città per far atterrare silenziosamente un'aliante durante la notte. Anche se il fronte di combattimento era a non più di 2000-3000 metri dall'aeroporto, l'artiglieria da campo cercava di "abbattere" l'aereo a terra e di rendere l'atterraggio del materiale il più difficile possibile.

Un solo giorno sul ponte aereo per Breslau è sufficientemente esplicativo: il 22 febbraio, 40 J-52/3m e 25 He-111 riuscirono a scaricare 44 e 45 tonnellate di forniture varie a Gandau.

Come abbiamo detto, l'accesso all'aeroporto era estremamente complicato perché se si riusciva a superare la barriera russa, poi arrivava l'atterraggio notturno su una pista con continui danni da parte dell'azione dell'artiglieria nemica; e infine il decollo e il volo di ritorno in territorio tedesco. Fu questa situazione critica che portò Berlino a chiedere la creazione di una nuova pista di atterraggio, come richiesto dal nuovo comandante militare di Breslau, il maggiore generale Hans von Ahlfen. Poiché la situazione per la nuova pista non era stata decisa e i dubbi di Hanke sul governo della Fortezza erano stati sollevati da von Ahlfen (la sua ultima disputa fu quella di prendere il controllo dei paracadutisti arrivati in città, dato che Hanke ne voleva fare la sua guardia personale, cosa che non riuscì a fare), fu sostituito da Berlino e rischiò addirittura la corte marziale. Il suo sostituto, il generale Hermann Niehoff, sarebbe arrivato in aereo il 5 marzo per prendere il comando della città (la sera del 6 marzo, secondo la versione della Solarz). Il giorno prima Hanke trasmise un discorso al popolo di Breslau, che impressionò il ministro dell'Informazione e della Propaganda del Terzo Reich Joseph Goebbels per la sua energia, come rifletteva nel suo diario: *"È commovente, veemente e respira una dignità e una grandezza morale politica degna di ammirazione. Se tutti i nostri leader di partito in Oriente operassero come Hanke, allora faremmo meglio di loro. Hanke è la figura di spicco tra i leader del nostro partito nei distretti orientali. La sua formazione scolastica a Berlino fu evidentemente notevole".*

Ma questo cambiamento nella gerarchia militare di Breslau non impedì al Gauleiter Hanke di decidere il 7 marzo, con l'appoggio di Berlino, che a causa dei continui bombardamenti sull'aeroporto di Gandau, gli ostacoli dovevano essere rimossi e la Kaiserstraße ampliata per essere utilizzata come pista di emergenza, poiché Gandau era in pratica completamente inoperativa. La Kaiserstraße, in particolare, era una zona con un ampio viale ad est della città vecchia dove si trovavano grandi edifici accademici e altri edifici, che fu ulteriormente ampliata dalla detonazione di molti di questi edifici che la delimitavano. E nonostante vennero presi in considerazione altri possibili siti dove costruire la pista d'atterraggio, alla fine non furono considerati adatti a tale scopo. Queste opzioni erano ad Oderwiesen (che si rivelò troppo stretto) o Friesen-Wiese a circa quattro chilometri ad est del centro, strategicamente ben protetto da un ramo dell'Oder a nord e ad est, così come dal canale principale e dalla depressione inondata di Ohle a sud (anche se il terreno era in linea di principio troppo morbido per gli aerei pesanti); quest'ultima opzione fu scelta dal generale von Ahlfen.

Da questa nuova pista di atterraggio sarebbe stato possibile ricevere cibo e munizioni. A questo scopo, l'area residenziale esistente tra i ponti Fürsten (ora Szczytnicki) e Kaiser (ora Grunwaldzki) venne lasciata a livello del suolo per poter costruire una tale pista d'atterraggio.

Questo titanico compito richiese il lavoro di migliaia di civili tra cui anche bambini di 10 anni che, senza altra scelta (il cibo razionato era fornito solo a persone impegnate in compiti difensivi della città), lavorarono sotto il continuo fuoco dell'artiglieria pesante sovietica che cercava di impedirlo, poiché non ci volle molto a realizzare i motivi delle attività tedesche in quella zona della città leggermente più lontana dalla linea del fronte. Un sopravvissuto testimoniò: *"Le donne, i bambini e i giovani che vi lavoravano dovevano tagliare la pietra e caricarla nei carri. Poi li mettevano in pista. Ma non era solo l'artiglieria pesante a molestare questi lavoratori, poiché il pericolo veniva dall'aria sotto forma dei vecchi biplani Po-2 o del moderno Il-2".*

Un'altra testimonianza afferma: *"Centinaia di persone morirono durante la costruzione della pista di atterraggio. I morti venivano sepolti in fosse comuni. Venivano messi frettolosamente e avvolti in lenzuola bianche. Ovunque, dove c'erano erba e giardini, per esempio, accanto alla chiesa, vennero scavate grandi buche e i corpi furono collocati lì senza ulteriori indugi. C'erano molte persone scomparse e nessuno sapeva chi fossero".*

A peggiorare le cose, i Ju-52/3m/3m non potevano utilizzare la pista, poiché oltre alle note difficoltà, la densità del fumo nell'aria rendeva materialmente impossibile l'atterraggio notturno di questi aerei. Atterrarono sulla pista della Kaiserstrasse prima ancora che fosse completata, alcuni alianti (la Luftwaffe capì che non sarebbero più stati utili e svuotò i loro magazzini per l'uso in missioni di questo tipo) come il DFS-230 o il Go-242 che dopo essere stati portati nella zona di He-111 furono rilasciati a circa 2000-2200 metri e planarono in città.

Il risultato della costruzione di questa pista fu un completo disastro, poiché circa 1300 persone (3000 secondo altre versioni) furono uccisi nella realizzazione dell'opera faraonica che non fu mai terminata o utilizzata per collegare da Breslau con i resti del Reich. Le dimensioni del corridoio d'aria preparato erano da 1 a 1,3 chilometri di lunghezza (alcune versioni ne citano 2) per circa 300 metri di larghezza. Tuttavia, un aereo riuscì a utilizzare la pista, la stessa usata dal Gauleiter Hanke il 5 maggio per sparire dalla città su un aereo Fieseler Fi-156, lasciando dietro di sé tutti coloro che erano stati costretti a resistere senza pensare all'evacuazione.

Tra le operazioni di rifornimento aereo e di evacuazione effettuate dalla Luftwaffe nelle città di Glogau Fortress e Breslau, 165 Ju-52/3m si persero, così come quasi tutti gli alianti Go-242 e DFS-230 disponibili. Oltre alle difficoltà inerenti al volo notturno, l'artiglieria contraerea e i posti di osservazione aerea russi le convertivano in missioni al limite del suicidio. Questi posti informarono immediatamente il 268° e 348° Reggimento Caccia e la 310° Divisione Caccia, che dai loro campi d'aviazione vicino a Breslau subirono un buon numero di vittime tra gli aerei da trasporto. Infine, anche il 173° Reggimento Caccia, le cui azioni non dipendevano dagli osservatori sovietici, teneva costantemente sotto controllo i cieli intorno a Breslau. La densità dell'artiglieria antiaerea aumentò gradualmente nel corso dei mesi, e il 12 marzo arrivò il 1° Battaglione del 1879 del Reggimento di Artiglieria Antiaerea, Il 18 marzo il 415° battaglione di artiglieria contraerea indipendente, il 21 marzo il 395° battaglione, il 23 marzo il 415° reggimento di artiglieria contraerea e il 26 aprile il 1860° e 1864° reggimento di artiglieria contraerea; con un totale di circa 80 fari, 150 mitragliatrici antiaeree e 320 mitragliatrici antiaeree medie e leggere.

Di fronte a questo immenso dispiegamento aereo e antiaereo sovietico, la Luftwaffe tedesca dispiegò quel poco che aveva a disposizione. Le unità diurne erano i Bf-109G e K della I e II Gruppe del Jagdgeschwader 52, e di notte i Ju-88G6 del Nachtjagdgeschwader 5, che affrontavano i caccia, i cacciabombardieri e i bombardieri sovietici nella zona.

Quando nei combattimenti si perdeva definitivamente il controllo dell'aeroporto, l'arrivo del materiale doveva avvenire con lanci di paracadute. Come c'era da aspettarsi, in molti casi questi container caduti in città non finivano nelle mani dei loro veri destinatari a causa di errori nei calcoli di lancio o della fretta richiesta per il processo sotto il continuo fuoco nemico. Furono stabiliti ordini molto specifici che tutti i contenitori ricevuti sarebbero stati portati immediatamente allo Stato Maggiore della Fortezza, anche se in più di un'occasione le truppe che li presero non esitarono a tenere le munizioni di cui potevano avere bisogno piuttosto che consegnarle e aspettare che fossero inviate attraverso il meccanismo ufficiale.

Il generale Niehoff, appena arrivato a Breslau, venne con ordini molto precisi di resistere fino all'ultimo uomo e all'ultima cartuccia. Lo stesso Schörner gli fece sapere che Berlino sarebbe stato molto attento al suo comportamento, che avrebbe dovuto lavorare a stretto contatto con il Gauleiter e che qualsiasi fatto che dimostrasse che non stava realizzando il suo obiettivo, sarebbe stato quello di firmare la condanna a morte non solo per lui ma anche per la sua famiglia (moglie e cinque figli). Per ammorbidire questo messaggio, Schörner lo avvertì anche che presto sarebbe stato effettuato un contrattacco per liberare Breslau dal suo assedio: *"Se riuscirete a tenere Breslau per tre o quattro giorni, allora aprirò un corridoio verso la città e vi incontrerò"*.

L'arrivo di Niehoff fu molto indicativo di ciò che lo aspettava, non appena atterrò poté già vedere dove si trovava la prima linea. La situazione era la stessa di sempre, i sovietici attaccavano su tutti i fronti, ma incontravano una tenace resistenza ovunque avanzassero. Quello stesso 7 marzo, sotto i fiocchi di neve cadenti, il Reggimento Mohr nella zona sudoccidentale della città distrusse almeno 100 carri armati nemici, mentre a nord-nord ovest i reggimenti Wehl (che ora occupavano le posizioni precedentemente difese dal Reggimento Mohr) e il Sauer non cedettero un centimetro di terreno, il Reggimento Besslein addirittura contrattaccò a nord-ovest; solo la zona sud con la 609ª Divisione soffriva maggiormente per il lento progresso dei sovietici.

Nell'area difesa dalla 609ª Divisione nel settore sud-est, vennero sostenuti dallo Sturmgeschütz di Hartmann, che distrusse diversi cannoni anticarro sovietici all'angolo tra la Steinstrasse e la Gallestrasse, nonostante le difficoltà. Gli uomini del reggimento "Kersten" si rafforzarono in una scuola per la difesa dell'ospedale che era alle loro spalle, arrivando ad usare i cannoni anticarro (Puppchen) e seminando le zone circostanti con una moltitudine di mine antiuomo. Davanti a loro gli avamposti sovietici riuscirono a penetrare con grande difficoltà e perdite l'edificio della scuola, dove dovettero combattere uno a uno per tutte le aule facendo grande uso dei lanciafiamme.

Inoltre, le truppe del Volkssturm contribuirono con la loro parte alla difesa della città, anche se i battaglioni che si distinsero maggiormente furono quelli assegnati ad alcuni reggimenti militari e quelli del JH. Per quanto riguarda quest'ultimi, dobbiamo ricordare la tenace resistenza che i ragazzi opposero nell'unione della Kaiser-Wilhemstrasse e dell'Augustastrasse nella zona sud della città, dove con il continuo lancio di granate riuscirono a causare numerose perdite ai russi e a paralizzare il loro attacco. Secondo i resoconti dell'incidente, i ragazzi riuscirono a costruire un dispositivo come catapulta che permise loro di lanciare le granate da grande distanza. In omaggio a questa azione, l'angolo di entrambe le strade divenne popolarmente conosciuto come "l'angolo della gioventù hitleriana".

Proseguendo con l'arrivo del nuovo comandante in capo della Fortezza, allo sbarco Niehoff andò ad incontrare il generale congedato (entrambi erano vecchie conoscenze) e gli spiegò per diverse ore la difficile situazione della Fortezza (secondo Solarz, l'incontro avrebbe avuto luogo presso il quartier generale di von Ahlfen e lo avrebbe colto completamente di sorpresa). Infatti, von Ahlfen rimase a Breslau per qualche giorno in più per facilitare la sua incorporazione nel comando, dopo di che rientrò via aerea nel Reich.

Nonostante le fredde temperature invernali di Breslau, i numerosi incendi che divampavano in ogni angolo della fortezza, aumentarono notevolmente la temperatura della città. Fu solo questione di tempo prima che si realizzasse ciò che Schörner aveva detto a Niehoff qualche giorno prima, poiché all'inizio di marzo l'Alto Comando tedesco cercò invano di condurre un'offensiva con sette divisioni, quattro delle quali corazzate, per riconquistare le zone occupate della Slesia e con l'obiettivo finale di sfondare l'accerchiamento e di evacuare gli assediati. Le unità partecipanti erano il 57° Corpo Corazzato (con l'8ª Divisione Panzer, la 103ª Brigata Corazzata, la 408ª Divisione, la 16ª Divisione Panzer) e il 39° Corpo Corazzato (Fuhrer Granatiere e la 17ª Divisione Panzer). Ma il raggruppamento tedesco si rivelò insufficiente a contenere la 3ª Guardia Corazzata dalle sue posizioni, anche se riuscì quasi ad accerchiarla in una sola rapida mossa. All'inizio le forze tedesche concentrate nella zona di Gorlitz (ora Zgorzelec) furono lanciate contro i sovietici e il successo accompagnò gli uomini di Schörner grazie alla riconquista della città di Lauban (3 marzo) dopo un movimento a tenaglia e l'insaccamento di un buon numero di truppe sovietiche che furono in gran parte annientate, anche se molti degli uomini accerchiati riuscirono a fuggire. I sovietici cercarono di evitare di rimanere intrappolati a Lauban, così si ritirarono a tutta velocità dalla città, mentre le truppe tedesche vi entravano. Lì a Lauban (attualmente Luban) poterono assistere alla desolazione che si stava diffondendo nei territori tedeschi occupati dai russi, dove stupri, omicidi, umiliazioni e morte erano presenti ovunque. Questo fece sì che i tedeschi prendessero i combattimenti ancora più intensamente come una lotta a tutto campo contro il nemico; da quel momento in poi non ci sarebbero più stati prigionieri. Videro anche diverse decine di carri armati sovietici distrutti, così come altri materiali abbandonati dai tedeschi.

A Breslau questa notizia venne accolta come una boccata d'aria fresca, mentre tornava la speranza di essere liberata dall'assedio. Un abitante di Breslau disse: *"Abbiamo sempre sentito la stessa cosa: 'Compagni, resistete. Ce la faremo. Il generale Schörner ci tirerà fuori di qui. Sta arrivando. La voce si è diffusa e la gente ha detto: "Avete sentito? Schörner sta arrivando". È stato un passaparola".*
Ma la successiva offensiva di Schörner contro la città di Striegau, iniziata il 9, non ebbe lo stesso successo anche se la 208ª divisione di fanteria arrivò in città il 14 marzo; terminò l'intero attacco tedesco seguita da una nuova offensiva sovietica lungo tutto il fronte il 15 dello stesso mese. L'intera offensiva fallita, nota come Operazione "Gemse", provocò pesanti perdite da entrambe le parti e la disperata convinzione degli uomini assediati a Breslau che non sarebbero mai stati salvati.

Da parte sua, l'offensiva del 15 marzo a Koniev, condotta dalla 4ª Armata corazzata, spezzò definitivamente le linee tedesche a ovest di Oppeln (ora Opole), avanzando poi verso Neustadt (Prudnik) e Neisse (Nysa). A sua volta, la 59ª e la 60ª armate sovietiche attaccarono contemporaneamente in direzione sud-est per minacciare l'11° Corpo tedesco di accerchiamento. Per evitare questa situazione, le unità tedesche nell'area di Oppeln cominciarono a ritirarsi rapidamente verso ovest, anche se alcune, come la 20ª Divisione dei Granatieri (Estoni), furono lasciate indietro e quindi circondate dalla 4ª Armata Corazzata e dalla 59ª Armata a Nueustadt. Il loro destino, come quello di alcune delle altre unità rimaste indietro ad Oppeln, fu il completo annientamento. L'offensiva di Koniev si concluse con successo con le conquiste di fine marzo di Ratibor e Katscher (ora Raciborz e Kietrz); praticamente tutta la Slesia fu portata sotto il controllo sovietico, ma Breslau continuava a resistere.

Mentre l'offensiva sovietica avanzava e lasciava Breslau più indietro rispetto alla prima linea, la lotta nella capitale Slesia continuava brutalmente con la crescente pressione dei russi che spingevano letteralmente i difensori più in profondità nel loro perimetro difensivo. Tuttavia ogni metro che avanzavano diventava un bagno di sangue per gli attaccanti e i difensori, rallentando notevolmente l'avanzata. Il Gauleiter Hanke approfittò dello stesso giorno in cui i tedeschi presero Lauban per trasmettere un messaggio radio che paragonava la fortezza alla Croce di Ferro come simbolo di resistenza. Da Berlino, Breslau e il suo Gauleiter venivano visti come esempi di fiducia e di desiderio di resistere all'invasore.

I rapporti tra Niehoff e Hanke, come quelli con i precedenti capi militari della Fortezza, non erano buoni. Anche se fin dall'inizio il Generale cercò di delimitare le influenze di ciascuno, Hanke continuò ad agire con piena libertà e con l'impunità che Berlino gli concedeva. Uno degli scontri tra i due avvenne quando Hanke decise che Breslau aveva bisogno di 8 pezzi di artiglieria pesante contro l'opinione del militare che considerava le nuove munizioni più necessarie di un numero maggiore di cannoni. Il risultato fu l'invio di 8 alianti con tali armi alla fine di marzo, con la conseguente perdita di sette di essi a causa del fuoco nemico. E proprio l'ultimo giorno di marzo i sovietici, decisi a porre fine alla resistenza tedesca, effettuarono nuovamente un'offensiva sulla città, iniziata da un interminabile e massiccio bombardamento di artiglieria. Dopo di che, seguirono due giorni di attacco continuo (domenica e lunedì di Pasqua) che permisero di guadagnare ampie zone all'interno del perimetro difensivo tedesco, tra cui l'aeroporto di Gandau. Solo in questi due giorni, le vittime furono 10.000. Sia la situazione, per quanto difficile fosse diventata per i difensori, sia la preoccupazione del Gauleiter di avere il suo quartier generale nello stesso posto del quartier generale dell'esercito a Liebigs, fecero sì che Hanke si spostasse in posizioni un po' più lontane dal fronte (già ai confini della città), in particolare nella biblioteca dell'Università di Sandinsel, nel cuore del centro storico della città. Lì approfittò dei sotterranei della Biblioteca Universitaria e di tutte le macerie dei suoi resti per sistemare i suoi uomini. E come un altro atto del comportamento irrazionale del Gauleiter, per evitare il pericolo che i libri lì conservati potessero bruciare, ordinò di bruciare in anticipo circa 550.000 libri.

La stessa situazione si verificò il 14 aprile successivo, quando il quartier generale del generale Niehoff venne spostato a causa dell'incessante fuoco dell'artiglieria russa dalla sua posizione a Liebichshöhe alla stessa biblioteca già occupata da Hanke. In generale, le offensive durante il mese di marzo non diedero molti frutti, anche se fino alla fine di marzo i sovietici avrebbero portato avanti gran parte della loro spinta offensiva nel sud. Ma furono ben contenute dai difensori tedeschi da una linea difensiva che fu tracciata verso ovest fino a raggiungere la zona della depressione di Ohle inondata. Sempre nella zona sud, un po' più a ovest, il reggimento Besslein nella zona dell'Augustastrasse, rifugiandosi nei resti e nei sotterranei degli edifici, si ritirò accucciato in attesa dell'arrivo dei sovietici, ai quali provocò numerose vittime. Il 26 marzo, di fronte ad un'offensiva corazzata sovietica, furono gli uomini armati di panzerfaust e il personale corazzato della Compagnia Breslau Panzer che riuscirono ad annullarla, lasciando ben 64 blindati nemici distrutti.

Fin dal loro arrivo alla fine di febbraio, le due unità paracadutiste vennero utilizzate come *"speciali unità antincendio"* e portate da una parte all'altra del perimetro difensivo dove lanciarono brutali attacchi contro i russi. Anche se ottennero buoni risultati, dopo aver terminato la loro azione, furono sostituiti da altre unità e spostati in altre parti del fronte o nella loro area di "riserva" più lontana dal fronte. Tuttavia, a causa della difficile situazione, furono assegnati ad una specifica area di dispiegamento dove si trovavano le strade di Berlinstrasse e Friedrich Karl, così come la piazza Striegau (nella parte occidentale della città difesa dagli uomini del Reggimento Hanf, tra gli altri), dove combatterono coraggiosamente e ferocemente contro la schiacciante superiorità nemica. Non tutti i combattimenti erano in superficie, e alcuni avevano come cornice il sistema fognario pubblico, che dovette essere allagato dai tedeschi per evitare l'arrivo di unità d'assalto russe.

Il generale Niehoff, guardando l'intera situazione dall'alto, avvertì che l'area che richiedeva più sforzi per la difesa era l'ovest a causa della sua maggiore vulnerabilità. Questo perché si trattava di un'area di spazio aperto dove si trovava l'aeroporto di Gandau e che portava praticamente al centro della città. L'attacco sovietico in quel settore poteva essere comodamente supportato dall'uso dell'artiglieria, così Niehoff scelse di rinforzare quella zona con gli uomini del Reggimento Mohr e i due battaglioni paracadutisti arrivati di recente (il generale contro la decisione di Hanke di usare i paracadutisti come guardia personale per il Gauleiter pensò che fosse più pratico usarli come riserva per la guarnigione da utilizzare ovunque la loro azione fosse stata decisa necessaria). Organizzò anche il piazzamento di alcune delle sue riserve di artiglieria in quel settore.

Tutte queste modifiche nella tattica difensiva si ripercossero sui cambiamenti che i sovietici apportarono alla loro tattica offensiva. Così, da aprile in poi, invece di portare avanti gli attacchi frontali che avevano dato loro così poco successo, decisero di combattere in modo più pratico ed efficace. Cominciarono a martellare la zona da attaccare con la loro artiglieria di medio e piccolo calibro, in modo che quartiere per quartiere, strada per strada e angolo per angolo, la difesa tedesca si incrinasse gradualmente prima dell'assalto finale. Inoltre, come accadrà nell'assalto a Berlino, si preferì in molte occasioni l'uso del lanciafiamme e l'avanzata attraverso i muri precedentemente distrutti.

La situazione all'interno della Fortezza era catastrofica, con molti morti e altri feriti da curare. A questo scopo, oltre a varie strutture di pronto soccorso, erano stati allestiti veri e propri ospedali da campo in tre bunker: a Scheitniger Stern, sulla Striegauer Square e il già citato alla stazione ferroviaria di Odertor. Tutte le strutture erano sotto il comando del dottor Mehling che cercò di organizzare il personale per rendere il loro lavoro il più efficace possibile, come erano in grado di fare.

Ci sono prove che il 20 marzo l'unità ferroviaria nota come Eisenbahnpanzerzug Pörsel fu utilizzata in combattimento dalle linee ferroviarie che le servivano come navetta. Durante 10 giorni rimase in servizio causando un buon numero di vittime nel nemico (come detto, 10 corazzati e tre aerei distrutti), e sostenendo tatticamente le truppe tedesche grazie alla sua capacità di dislocamento. Ma finalmente il 1° aprile i sovietici riuscirono a metterlo fuori combattimento con il fuoco dell'artiglieria pesante sulla sua posizione. Il trenta per cento del loro personale venne ucciso e il mezzo pesante risultò gravemente danneggiato, anche se fu ritirato alla FAMO, dove riuscirono a rimetterlo in servizio pochi giorni dopo.

Il 25 marzo le truppe della 218ª Divisione Fucilieri del colonnello Yeroshenko attaccarono la fabbrica "Junkers" della città. I combattimenti si conclusero tre giorni dopo con la cattura finale della fabbrica da parte dei russi, non senza pesanti perdite da entrambe le parti. Il 31 marzo, Breslau subì un bombardamento di artiglieria pesante nei suoi settori suburbani settentrionali, meridionali e occidentali, lasciando la città in fiamme per gran parte della sua lunghezza.

Colpo dopo colpo, i sovietici continuarono ad serrare le varie linee di difesa intorno a Breslau.

I tedeschi si difendevano con tutti i tipi di armi disponibili, anche usando siluri navali (da un deposito della Kriegsmarine), lanciandoli contro il nemico dopo averli piazzati sul telaio di un tram. Intorno al 1° aprile, con l'arrivo della primavera e il miglioramento delle condizioni meteorologiche, anche in questo caso la pressione aumentò a sud della città, dove gli uomini della 609ª divisione, sostenuti dalle truppe del Volkssturm, si appoggiarono da dietro sul terrapieno ferroviario e la depressione di Ohlf più a est. Ogni metro avanzato dai sovietici faceva pagare un alto tributo umano sia agli attaccanti che ai difensori, ma il risultato non ebbe successo perché non riuscirono ad oltrepassare la linea difensiva dell'argine. Di fronte a tali difficoltà nell'avanzare attraverso il sud e il sud-est, il generale Gluzdovsky decise di aumentare i suoi attacchi attraverso le aree settentrionali e nord-occidentali della città, allora difesa dai reggimenti Besslein e Sauer. Le numerose perdite subite dagli attaccanti portarono il maresciallo Koniev a decidere di contribuire con più truppe all'assedio, e le seguenti unità furono trasferite alla 6ª Armata: 112ª Divisione Fucilieri, 87° Reggimento Carri Armati Pesanti Indipendenti della Guardia, 349° Reggimento Artiglieria Pesante Autopropulsa Indipendente della Guardia e la 2ª Armata Polacca. Sebbene questa seconda armata polacca, con più di 90.000 uomini e 431 carri armati, non abbia partecipato alla cattura di Breslau, alla fine fu reindirizzata alle operazioni volte a prendere Berlino.

Lo stesso giorno, il 1° aprile, in coincidenza con la data della promozionedi Niehoff da Generalleutnant a General der Infanterie , l'immenso bombardamento aereo e di artiglieria di circa 90 minuti (a cui hanno partecipato, tra gli altri pezzi da 280 mm, il Il-2m3 del 1° Corpo d'Assalto della Guardia e i bombardieri del 4° e 6° Corpo di Bombardamento) scosse le strade di Breslau, lasciando la torre della Cattedrale e molti degli alberi dell'orto botanico distrutti, tra gli altri edifici. Tra gli obiettivi fissati dai sovietici c'era l'aeroporto di Gandau che, sebbene inutilizzato, era ancora un simbolo all'interno della Fortezza. L'attacco sovietico era sostenuto dall'uso di bombe fumogene che rendevano difficile la difesa dell'aeroporto. C'erano uomini del Reggimento Mohr (la parte più settentrionale di esso vicino all'Oder si chiamava Kampfgruppe Tilgner, che aveva anche un battaglione del Volkssturm attaccato ad esso), i due battaglioni di paracadutisti (il cosiddetto Kampfgruppe Skau e Trotz), la 3ª Compagnia di Caccia al Carro del tenente Retter (del Battaglione di Caccia al Carro di Breslau), Il Kampfgruppe Wulf, composto da membri dei JH, un paio di auto d'assalto StuG III (sotto il comando di Hartmann), alcuni cannoni anticarro e cannoni per aerei cannibalizzati da 20 mm, attendeva l'avanguardia russa accovacciata nella fitta rete difensiva che erano riusciti a creare con una moltitudine di trincee e filo spinato; ma c'era poco che potessero fare, se non causare qualche piccola perdita. Infine, sotto la pressione della 294ª e 359ª divisione sovietica, dovettero cedere l'aeroporto al crepuscolo e iniziare la ritirata in combattimento, non senza perdere il Reggimento Mohr e gran parte dei suoi uomini, nonché i pochi paracadutisti sopravvissuti, lasciando dietro di sé diversi cannoni da 88 mm distrutti dai colpi diretti sovietici. I due mezzi d'assalto Sturmgeschütz III guidati da Hartmann e distaccati dal sergente Maier non senza grandi difficoltà per accedere alla zona di combattimento dell'aeroporto, erano posizionati in un angolo di un vicino parco dietro il riparo di alcuni alberi, che consentiva loro di distruggere almeno un cannone d'assalto con un pezzo da 152 mm, prima che tutto il fuoco sovietico cadesse su di loro.

Nel corso dei combattimenti, gli avamposti sovietici riuscirono a isolare la maggior parte del rimanente reggimento di Mohr e del Kampfgruppe Wulf. Alcuni uomini riuscirono a fuggire in territorio controllato dai tedeschi dall'altra parte dell'Oder, ma altri dovettero combattere fino all'ultimo proiettile in un combattimento all'ultimo sangue con i sovietici (principalmente dal 417° Reggimento Fucilieri e dal 74° Corpo Fucilieri).

La lotta si svolse in qualsiasi angolo, seminterrato o casa, che fu conquistata, persa e riconquistata nel giro di poche ore. La continua perdita di territorio facilitò in qualche modo i compiti difensivi, poiché la linea del fronte divenne più piccola e, sebbene anche la guarnigione in servizio fosse decimata, la sua densità relativa era più alta in un'area così piccola. I tedeschi, con tutto ciò che andò perduto, combatterono fino all'ultima cartuccia e all'ultimo uomo, approfittando della densità degli edifici per sottoporre a molteplici imboscate gli aggressivi avamposti sovietici. Tutti sapevano cosa poteva succedere loro se fossero caduti nelle mani dei sovietici e la propaganda del partito nazista era già stata commissionata dal suo Gauleiter per essere chiara ai militari e ai civili rimasti in città. Ma ciò che sorprese fu che, nonostante i continui bombardamenti e la devastazione della città, l'acqua e l'elettricità erano ancora disponibili in alcune zone. Nei sotterranei si accedeva all'elettricità attraverso i buchi nei muri che collegavano alcuni edifici ad altri e si cercava di rimanere in servizio il più a lungo possibile. Durante i giorni dell'offensiva di aprile, un paio di mezzi d'assalto caddero vittime degli aerei d'assalto sovietici che volavano a bassa quota, i quali non avevano più bisogno di un campo d'aviazione lontano da cui decollare in quanto lo facevano quasi dai tratti rettilinei dell'autostrada tra Breslau e Berlino.

Con l'avvicinarsi della fine della guerra, cresceva il disagio tra le truppe russe timorose di cadere in combattimento quando la fine era così vicina. Inoltre, di fronte a loro c'era un nemico disperato e spesso anche fanatico, che non era disposto a rinunciare a un solo centimetro di terreno in cambio di nulla. Dopotutto, non c'erano altre possibilità se non quella di combattere o di consegnare i loro destini alle truppe d'invasione, ma la seconda possibilità era difficile da accettare a causa del comportamento selvaggio che i russi avevano avuto in molte occasioni da quando erano penetrati nelle terre del Reich. Infatti, dopo l'offensiva pasquale, il numero dei suicidi in città aumentò enormemente, poiché se avessero resistito a malapena all'assedio, non avrebbero potuto resistere alla conquista dei russi.

Questa offensiva del 1° aprile portò molti civili a spostarsi dalle aree attaccate verso le zone meno popolate e relativamente più sicure a sud-ovest della città. E militarmente si ridusse ad un avanzamento della prima linea di circa due o tre chilometri in quel settore, e avrebbe potuto essere peggio per i difensori se invece di proseguire in direzione nord-est avessero marciato direttamente verso est, dove la difesa non era ugualmente disposta a resistere a un tale attacco.

Dopo la tanto attesa cattura dell'aeroporto di Gandau, il generale Gluzdovsky preparò una nuova offensiva contro l'area adiacente alla fortezza, a nord-ovest. Ancora una volta la temuta pioggia di proiettili lasciò i quartieri battuti, praticamente irriconoscibili. Di fronte all'offensiva sovietica, si posero i reggimenti Besslein e Mohr con l'appoggio vitale di 4 Sturmgeschütz del già tenente dal 10 aprile, Leo Hartmann (che era ciò che gli era rimasto del suo gruppo di sei, dopo aver ricevuto due dei suoi veicoli colpiti dagli aerei sovietici e distrutti pochi giorni prima). Nonostante inizialmente riuscissero a bloccare l'offensiva russa, non senza un alto numero di vittime (tra cui altri due Sturmgeschütz), gli uomini di entrambi i reggimenti dovettero ritirarsi, andando a fortificarsi nel terrapieno ferroviario che "ostruiva" l'accesso alla città da ovest. Gluzdovsky cercò di saturare le difese tedesche con attacchi simultanei da sud e da nord, ma gli uomini della 609ª Divisione nel primo caso e quelli dei reggimenti Wehl e Sauer nel secondo, riuscirono a contenere la situazione. Fu la velocità di risposta di Niehoff nello spostare le sue forze mobili da una parte all'altra della Fortezza che non permise a nessuno dei tentativi sovietici di avere un vero successo, nonostante avessero guadagnato qualche centinaio di metri in alcune zone.

Il 15 aprile le truppe della 135ª Divisione Fucilieri, accompagnate da quelle del 74° Corpo, compirono un'altra offensiva che si concluse tre giorni dopo con la cattura di diversi edifici, tra cui le stanze dell'ospedale IIb della Fortezza. Quest'ultimo, alloggiato in un bunker, venne difeso fino all'ultimo respiro da alcuni uomini delle SS che, con i loro MG42, panzerfaust e granate, resero molto difficile il compito degli assalitori.

La mancanza di uomini costituiva un grave problema per il mantenimento del sistema difensivo tedesco, per il quale anche Hanke trovò una soluzione. Il 16 aprile ordinò che tutte le donne di età compresa tra i 16 e i 35 anni fossero mobilitate per compiti secondari non combattenti, per liberare gli uomini che lo avevano fatto in modo che potessero combattere.

I combattimenti diventavano ogni giorno più feroci. A metà aprile il reggimento di Mohr si ridusse a metà dei suoi uomini a causa delle continue perdite causate dai russi. Contemporaneamente a questi fatti, nelle prime ore dell'alba del 16 aprile le forze del maresciallo Zhukov in unione con quelle più a sud corrispondenti ai sette eserciti del 1° gruppo ucraino del maresciallo Koniev avrebbero iniziato l'offensiva, che aveva come obiettivo la città di Berlino, cosa che avrebbe suggellato in pochi giorni il destino del Reich.

Il 18 aprile, un'offensiva sovietica che riuscì a sfondare la linea di difesa sorvegliata da un battaglione del Volkssturm fu finalmente fermata grazie all'intervento di un'altra unità tedesca sostenuta dal rimanente Sturmgeschütz di Leo Hartmann. In queste battaglie furono distrutti non meno di 25 veicoli corazzati sovietici, 13 dei quali furono causati da Hartmann. Lo stesso giorno, dopo il ritorno alla base della Breslau Panzer Company, Hartmann venne promosso a capo dell'unità dopo che il suo ex capo, Oberleutnant Ventzke, fu ferito. Sempre il 18, un'altra offensiva sovietica che marciava verso la demolita Chiesa di San Paolo fermò la sua avanzata per riorganizzarsi. Un gruppo di uomini del Reggimento Besslein e della 609ª Divisione con tutte le armi disponibili approfittò di questo momento per effettuare un contrattacco che provocò numerose vittime al nemico. In questa fase della battaglia, non solo gli uomini delle unità da combattimento vennero mandati a combattere, ma anche chiunque fosse in grado di impugnare un'arma, come il personale medico, il personale dei carri armati o dell'artiglieria priva di munizioni, ecc. Il 23 aprile la divisione "Bandiera Rossa di Piryatinskaya" passò sotto il comando del 74° Corpo dei Fucilieri, prendendo il controllo della zona d'attacco nella zona più occidentale della città, aumentando la pressione sui tedeschi in quel settore.

Per festeggiare il compleanno di Adolf Hitler, la guarnigione, le donne e i bambini ricevettero alcune razioni di cioccolata, ma i sovietici approfittarono della data per portare avanti una nuova offensiva che permise loro di occupare alcune zone, soprattutto nel settore occidentale della città, senza tuttavia riuscire a rompere definitivamente il fronte.

Vale anche la pena di notare la grande aggressività dei ragazzi dei JH nella loro incessante lotta, che destò così tanta preoccupazione nei sovietici che a Breslau e nel resto del fronte della Bassa Slesia fu prodotto un opuscolo per loro. In una di esse, datata 24 aprile 1945, si potevano leggere frasi come queste:

"Gli Hitleriani vi intimidiscono dicendovi che i russi dovrebbero sterminare i membri del JH! Non credete a queste bugie malvagie. In realtà non accadrà nulla ai normali membri del partito nazista o ai membri del JH se si comporteranno lealmente nei confronti delle truppe sovietiche. Ma vi chiediamo di fermare la vostra resistenza, di lasciare il fronte e di andare a casa o di arrendervi. In questo modo vi mostriamo come salvarvi! È l'unico modo! Agite ora!".

Nonostante l'interesse sovietico, pochissimi membri dei JH udirono questi "canti delle sirene", così continuarono a combattere duramente contro gli invasori.

I duri combattimenti proseguirono in tutte le zone del piccolo perimetro difensivo della città e i combattenti ricevettero per loro diverse decorazioni. Tra questi, la Croce di Ferro venne assegnata a Leo Hartmann il 30 aprile per la sua meritoria performance con la Compagnia Panzer Breslau.

Con la fine di aprile, la 6ª Armata di Gluzdovsky iniziò a prendere posizioni difensive intorno a ciò che rimaneva della Fortezza. Molte delle sue unità furono decimate ed esaurite dopo giorni di intensi combattimenti, tanto che la 309ª e 218ª Divisione Fucilieri dovettero essere inviate in seconda linea; la 112ª Divisione Fucilieri arrivò come rinforzo.

Arrivò il mese di maggio e la resistenza tedesca continuò a impedire ai sovietici di godere di una vittoria assoluta su tutta la parte orientale del Reich. I bombardamenti aerei e di artiglieria continuarono a distruggere i tedeschi ancora non sconfitti, che furono costretti a ritirarsi dalle loro linee del fronte. Già il 1° maggio, la 309ª Divisione prima di essere ritirata dal fronte, sostenuta da truppe corazzate, riuscì a rompere la linea difensiva dell'Oder in qualche zona della città, provocando una frettolosa ritirata dei difensori del settore.

La continua perdita di uomini nella difesa di Breslau causò la decimazione delle unità iniziali incaricate di questo compito. Di fronte a questa disintegrazione, si formarono nuovi Gruppi Battaglieri che erano una fusione dei reggimenti Sauer e Besslein, ecc. essendo l'ultima unità con un certo grado di addestramento a rimanere in combattimento contro i sovietici, il cosiddetto "Regimentsgruppe Seybold" sotto il comando del Maggiore con lo stesso cognome. Questo gruppo venne formato a metà aprile dal 4° Battaglione del Reggimento Mohr, al quale si unirono uomini di quasi tutte le unità da combattimento di Breslau, come: il Battaglione Wuttke (resti del Reggimento Sauer), il Kampfgruppe Roge (era un Battaglione che integrava i pochi sopravvissuti del Reggimento Besslein), alcuni paracadutisti del Fallschirm-Jager-Bat. 68, un paio di battaglioni del Voksturm, un plotone del Reichsarbeitsdienst e un battaglione di polizia. Erano praticamente gli ultimi difensori della città.

L'ultimo assalto alla città coincise con l'attacco a nord-ovest di Dresda da parte delle truppe sovietiche, che fece perdere le speranze agli assediati di un tentativo di rompere l'assedio in direzione di una disperata uscita con tutti gli uomini validi della guarnigione per incontrare le unità tedesche in territorio non ancora invaso. Questo tentativo di sfondamento era previsto per i primi giorni di maggio e avrebbe portato ai resti dei paracadutisti sia nella parte anteriore che in quella posteriore.

Dopo la morte di Adolf Hitler il 30 aprile e la caduta della capitale del Reich il 2 maggio, Breslau era ancora tedesca (con la capitolazione del generale Weidling la resistenza si è ufficialmente conclusa a Berlino intorno alle 13.00), ma il suo destino era ormai segnato.

Come curiosità, va notato che tra la mattina presto del 1° e il 2 maggio, l'ultima spedizione di forniture alla città giunse a Breslau. Sette Ju-52/3m/3m lasciarono cadere i loro carichi sotto forma di container con paracadute sul territorio occupato dai tedeschi, mentre due Fi-156 riuscirono ad atterrare sulla pista di Kaiserstrasse con materiale più delicato. E anche se i due aerei avrebbero avuto come seconda missione quella di prelevare alcuni piloti di alianti che erano riusciti ad atterrare nei giorni precedenti, questa non poté essere compiuta.

L'evidente mancanza di senso nel mantenere la resistenza della città divenne evidente dopo la morte di Hitler e ancor più dopo la caduta di Berlino. Il 2 maggio, Niehoff contattò Schörner chiedendogli di chiedere ai sovietici di arrendersi, anche se la risposta fu strettamente negativa.

Ma la situazione a Breslau era talmente insostenibile che il 4 maggio, in concomitanza con l'annuncio delle condizioni per la resa trasmesso dagli altoparlanti dei sovietici sul fronte meridionale della città, un gruppo di sacerdoti e pastori guidati dal pastore Hornig e dal vescovo Ferche chiese al generale Niehoff di arrendersi ai russi e di porre fine all'assedio. Niehoff, con la minaccia che incombeva su di lui e sulla sua famiglia, inizialmente si mostrò riluttante a farlo, anche se prese in considerazione la possibilità di un tentativo di rompere l'assedio verso sud cercando gli avamposti di Schörner (anche se capì che anche questo sarebbe stato impossibile). Tuttavia, la situazione si risolse gradualmente con la proclamazione di un cessate il fuoco temporaneo durante il quale si tennero le trattative per consentire la capitolazione. Il vero leader della città, l'onnipotente Gauleiter Hanke, si oppose ovviamente a queste trattative e lo rese noto il 5 maggio sul giornale della Fortezza di Breslau, ancora pubblicato, che criticava i disfattisti e chiedeva resistenza all'ultimo uomo e all'ultima donna per l'ennesima volta. Nonostante il desiderio generale di Breslau di firmare la resa, non è meno vero che alcuni gruppi difendevano ancora la resistenza fino alla fine, come poteva ben vedere il delegato tedesco inviato a negoziare con i russi (il capitano von Bürck), che avevano grandi difficoltà a far passare la sua delegazione attraverso una zona controllata da JH che li lasciavano passare a malincuore urlando frasi come "traditori", "continueremo a combattere" e "non ci arrenderemo mai". Al ritorno dalle trattative con i russi (i suoi interlocutori erano il maggiore Yakhaev e il colonnello Chichin), il capitano fu abbastanza sfortunato da calpestare una mina ed essere ferito.

La mattina del 5-6 maggio, un commando composto da tedeschi antifascisti del Comitato della Germania Libera venne inviato dietro le linee tedesche; la loro missione era quella di distruggere alcuni punti difensivi della Fortezza, e provocò un disastro assoluto con la perdita di dieci uomini senza raggiungere il loro obiettivo. E quella stessa notte, prima dell'alba del 5 maggio, Niehoff comunicò ufficialmente ai suoi comandanti dello stato maggiore la decisione di cedere la piazza ai sovietici. I suoi uomini con grande emozione ringraziarono Niehoff per il suo atteggiamento durante l'assedio mentre gli stringevano la mano.

Ma Hanke come nuovo capo della polizia e Reichsführer SS in sostituzione di Himmler (nominato giorni prima da Hitler come ricompensa per la sua fedeltà e l'alto impegno politico e militare) agì con molta ipocrisia poiché nello stesso momento in cui lanciava i suoi messaggi di resistenza, nella notte tra il 5 e il 6 prese la via della fuga con un piccolo aereo (appartenente al capo militare, non politico della Fortezza) dalla sua pista della Kaiserstrasse con destinazione Praga. Questa fuga permise che quello stesso giorno 6 la capitolazione condizionata della Fortezza fosse formalizzata definitivamente dopo una nuova insistenza dei religiosi sul generale Niehoff, rimanendo fissata con il generale Gluzdovsky per le ore 14.00 (ora di Mosca). Questa resa divenne formale e tangibile con la firma del generale Hermann Niehoff e di Gluzdowski, capo della 6ª armata sovietica a Villa Colonia, all'epoca sede del quartier generale del comando sovietico a Breslau (attualmente a Rapackiego 14, ex Kaiser-Friedrichstrasse). Per le ragioni addotte da Niehoff nella ricerca di una resa onorevole sia per i suoi militari che per i civili, Gluzdowski propose al capo tedesco le seguenti linee guida per la resa:

- *Tutte le truppe sotto il suo comando cesseranno la loro attività nel combattimento alle 14.00 del 6 maggio (ora di Mosca).*

- *Egli consegnerà tutto il personale ancora attivo, le armi, il materiale da combattimento, il trasporto e l'equipaggiamento tecnico.*

- *Garantiamo a tutti gli ufficiali e ai soldati che fermeranno la loro resistenza, la loro vita, il cibo e i*

loro beni personali, nonché il loro ritorno a casa dopo la guerra. L'intero corpo degli ufficiali può tenere le armi anche se scariche.
- Tutti i feriti e i malati riceveranno un aiuto immediato dai nostri servizi medici.
- Tutta la protezione civile sarà protetta e saranno garantite le normali condizioni di vita.
- Lei personalmente e altri generali sarete autorizzati ad utilizzare veicoli personali durante la vostra prigionia.

Come concordato con Gluzdovsky, Niehoff aveva ottenuto condizioni piuttosto favorevoli sia per i civili che per i militari, date le circostanze. Dalle 9 del pomeriggio dello stesso giorno, alcune truppe sovietiche entrarono in quello che restava della Fortezza.

Ma dopo la firma e l'ufficializzazione della resa, il 7 maggio, non rimase nulla di quanto era stato concordato e quelle condizioni non furono affatto rispettate dai sovietici. Da parte sua, il destino del generale Niehoff fu almeno onorevole, poiché come ultimo atto di rispetto per gli uomini che aveva comandato, rifiutò di essere trasferito da un Fi-156 che atterrò sulla pista in Kaiserstrasse permettendogli eventualmente di fuggire, preferendo condividere lo stesso destino dei suoi uomini. Per questo motivo finì nei campi di prigionia sovietici, dove rimase per 10 anni e mezzo.

Ciò che il destino aveva in serbo per Hanke rimane avvolto nella nebbia del mistero e delle dicerie. A quanto pare, dopo il decollo con il Fi-156 (l'unico aereo in grado di decollare durante l'intero assedio della famigerata pista della Kaiserstrasse), questo fu danneggiato dall'artiglieria sovietica, anche se non abbastanza da impedirne l'atterraggio a Hirschberg. Più tardi, vestito da sottufficiale delle SS, si unì a un'unità delle SS che cercava di raggiungere la Baviera attraverso le terre cecoslovacche passando per Praga. In questo processo si imbatterono in partigiani Sudeti con i quali dovettero confrontarsi, venendo finalmente catturati da loro. Non essendo stato identificato come il nuovo Reichsführer delle SS, fu imprigionato dai partigiani per alcune settimane, finché non tentò di fuggire. E fu in questo tentativo che morì definitivamente sotto il fuoco dei partigiani nei pressi di Neudorf. Un'altra versione, meno affidabile, lo pone in esilio da qualche parte in Sud America; anche se la verità non è mai stata conosciuta con certezza.

La tenace resistenza degli uomini di Breslau diede origine a una situazione assurda come quella riportata da un giornalista russo: *"Le truppe sovietiche vittoriose stavano tornando da Berlino per la parata della Vittoria a Mosca. Sulla loro strada hanno improvvisamente sentito esplosioni e spari. E qualcuno ha chiesto: "Qualcuno ha sparato in aria?" e ha avuto una risposta laconica: "No, è la sesta armata che sta ancora cercando di prendere Breslau".*

A Mosca la vittoria fu celebrata con lo sparo di 224 cannoni in onore dei vincitori, seguito dalla lettura di un comunicato che recitava: *"Breslau è stata presa. Il 7 maggio, dopo un lungo assedio, le forze del 1° Fronte Ucraino hanno preso il controllo completo della città e della Fortezza di Breslau. La guarnigione tedesca che difendeva la città insieme al suo comandante, il generale di fanteria Niehoff, e il suo stato maggiore hanno ceduto alla resistenza, abbassando le armi e arrendendosi".*

Come epilogo e come controparte del comunicato sovietico, l'ultimo rapporto della Wehrmacht scritto il 9 maggio si riferiva a quanto accaduto a Breslau: *"I difensori di Breslau che avevano resistito agli attacchi sovietici per due mesi, hanno ceduto alla superiorità del nemico all'ultimo momento"*. Quello stesso giorno, dopo la capitolazione generale di ciò che restava del Reich, anche l'esercito tedesco cessò di esistere. La guarnigione di Breslau, eseguendo i suoi ordini, resistette fino alla fine.

▲ A sin. adolescente in un battaglione Volksturm. Nella guarnigione di Breslau hanno servito molti uomini e ragazzi del Volksturm e della Gioventù hitleriana, affrontando con grande coraggio le truppe nemiche. Per gentile concessione di Massimiliano Afiero. A dx. Manifesto di propaganda Voksturm, "Per la libertà e la vita". Questi manifesti di propaganda avevano lo scopo di sollevare il morale e il desiderio di combattere il nemico.

▼ In tutta Breslau erano affissi molti manifesti che invitavano la popolazione a difendere la *Festung*. Questo poster, progettato per sollevare il morale della gente di fronte all'imminente battaglia, recita: "Quando si usa il panzerfaust, VOI siete il terrore dei carri armati".

▲ Sebbene questa immagine corrisponda alla resa di Berlino, anche dopo di essa i difensori esausti dovettero consegnare le loro armi ai soldati dell'esercito sovietico vittorioso. Per gentile concessione di Massimiliano Afiero.

▲ Un istruttore insegna ai suoi "allievi" come usare il panzerfaust. Quest'arma semplice usa e getta ha reclamato un gran numero di armature nemiche distrutte durante l'ultimo anno di guerra in Europa. Per gentile concessione di Massimiliano Afiero e del Bundesarchiv.

▼ Una coppia di granatieri tedeschi, in questo caso alla testa di ponte di Memel, ognuno con un panzerfaust 60. Quest'arma aveva una portata di 60 metri ed era in grado di penetrare armature fino a 220 mm. Per gentile concessione di Massimiliano Afiero e del Bundesarchiv.

▲ Immagine di un paracadutista tedesco camuffato che punta il suo panzerfaust. Anche se i paracadutisti non erano più il corpo d'elite che erano all'inizio della seconda guerra mondiale, quelli schierati per la difesa di Breslau hanno ampiamente dimostrato il loro coraggio e la loro efficacia nel combattere il nemico in circostanze così avverse. Per gentile concessione di Massimiliano Afiero e del Bundesarchiv.

▼ Truppe sovietiche penetrano in una fumosa via di Breslau. Gli scontri sono stati molto duri tra le due parti, al punto che Breslau ha resistito all'accerchiamento sovietico ancora più di Berlino. Per gentile concessione di Massimiliano Afiero.

▲ A sin. Georg Robert Besslein (1911-1993) passò dalla Gioventù hitleriana alle SS nel 1933, ricevendo l'addestramento militare in un reggimento di fanteria ad Augusta. Ha partecipato all'invasione della Cecoslovacchia, alle campagne in Polonia, Francia e Balcani, e in seguito è stato nominato istruttore per le truppe delle SS. Il suo ultimo incarico è stato a Breslau. Per gentile concessione di Massimiliano Afiero. A dx. Uno dei temuti cannoni da 88 mm preparato nella sua posizione in attesa dell'arrivo delle truppe dell'Armata Rossa. A gennaio erano stati segnalati due cannoni Flak 36 da 75 m PaK 40 e 18 cannoni Flak 36 da 88 mm.

▼ L'artiglieria sovietica attacca Festung Breslau durante l'assedio. Sia l'artiglieria che l'aviazione dell'Unione Sovietica hanno lasciato vaste aree della città ridotte in macerie. Per gentile concessione di Massimiliano Afiero.

▲ Nel gennaio 1945 furono inviati a Breslau due cannoni da 75 metri PaK 40 e successivamente dispiegati. Nella fotografia un PaK 40 75 mm dell'esercito spagnolo.

▼ Dal 3 febbraio 1945, dopo Krause, il colonnello (poi generale maggiore) Hans von Ahlfen fu il nuovo comandante militare della guarnigione. Fu durante il mandato di von Ahlfen che 40 ponti sull'Oder, o i canali sopra di esso, furono preparati per l'immediata detonazione. Nella foto lo si vede in dialogo con diversi soldati. Per gentile concessione di Massimiliano Afiero

▲ La Panzerjäger-Abteilung Breslau era composta da 4 compagnie, la quarta delle quali era dotata solo di panzerfaust. Nella foto vediamo diversi uomini di questa compagnia andare in bicicletta per poter raggiungere al più presto il punto del fronte dove c'era bisogno di loro. Per gentile concessione di Massimiliano Afiero.

▼ La cattedrale di Breslau venne molto danneggiata, ma non distrutta, dopo i sanguinosi combattimenti avvenuti dopo la conquista della città da parte dei sovietici nei primi mesi del 1945. Si può vedere il grado di distruzione della città dopo la battaglia. Per gentile concessione di Massimiliano Afiero

DOPO LA GUERRA

Dal 7 maggio in poi, le truppe russe cominciarono a penetrare in quello che restava della fortezza di Breslau, che aveva resistito per 82 giorni nonostante i loro sforzi. Dopo la resa, le parole che meglio definiscono la situazione della città furono probabilmente "caos" e "desolazione", poiché più del 70-80% di essa fu distrutta sia dai russi che dagli stessi difensori nel tentativo di ostacolare l'avanzata sovietica; a tali numeri si aggiungono alcuni attentati incendiari, anche dopo la capitolazione, che colpirono diverse chiese (come la chiesa di Santa Barbara l'11 o quella di Santa Maria Maddalena il 17, sempre a maggio) e i pochi resti della biblioteca universitaria. Le condizioni di vita erano molto difficili e l'assenza pratica dei servizi pubblici più elementari come l'approvvigionamento idrico, le fognature pubbliche (oltre 10 km di esse vennero distrutte) o l'elettricità (alla fine dell'assedio solo il 30% era ancora in servizio), portò alla comparsa di epidemie e carestie, nella totale assenza pratica di ospedali e servizi medici.

Facendo un bilancio, non sarà mai possibile conoscere esattamente il costo in vite umane dell'assedio di Breslau, ma le cifre che vengono riportate sarebbero di 6.000 soldati tedeschi e 20.000-30.000 civili morti (fino a 80.000 secondo Solarz), così come 23.000 soldati feriti durante gli 82 giorni di assedio. Questi numeri dovrebbero essere aumentati dalle centinaia di feriti che vennero evacuati per via aerea, da coloro che morirono dopo essere riusciti a lasciare la città a piedi o in treno, e dagli equipaggi e dai passeggeri degli aerei abbattuti durante il trasporto aereo. Altrettanto importante è il fatto che, dopo la capitolazione, furono fatti prigionieri tra i 40.000 e i 50.000 combattenti. Dal lato sovietico, le vittime furono circa 60.000, con 7.000-8.000 soldati uccisi, tra cui almeno 763 ufficiali.

La fine dei combattimenti non significava la fine delle sofferenze della popolazione civile, a causa del desiderio di vendetta che l'esercito sovietico aveva manifestato durante tutta la campagna tedesca. Si stima che almeno 200.000 donne tedesche di tutte le età siano state violentate e maltrattate dai conquistatori e, come è ragionevole pensare, Breslau non fece eccezione in questo senso. Gruppi armati di russi e più tardi, in misura minore, di polacchi, marciarono a loro piacimento per le strade di Breslau. A causa della situazione molto critica dell'immediato dopoguerra, il tasso di suicidi nella città aumentò drammaticamente, poiché molti dei sopravvissuti non vedevano altra soluzione praticabile alle loro sofferenze.

Si stima che su circa 30.000 edifici della città di Breslau, almeno 26.000 furono distrutti o almeno danneggiati, con il risultato che la maggior parte delle strade vennero inondate di macerie. Tanto che solo alla fine degli anni Sessanta tutte le macerie vennero finalmente rimosse. Da parte loro, i militari che non furono giustiziati affrontarono un destino atroce nei campi di lavoro dell'Unione Sovietica. Il patto tra Niehoff e Gluzdovsky non fu rispettato e molti uomini, soprattutto del Volkssturm e del Reggimento Besslein (a causa della loro origine SS) non avrebbero avuto nemmeno la possibilità di raggiungere i campi di lavoro.

E i cambiamenti a Breslau continuarono, poiché il 9 maggio 1945 divenne governata da un Consiglio comunale polacco e dal 2 agosto dello stesso anno fu integrata nei confini nazionali della Polonia, come concordato alla Conferenza di Potsdam. Questo cambio di proprietà nazionale portò ad una degerminazione negli anni successivi, dove la popolazione di nazionalità tedesca diminuì continuamente dai 300.000 tedeschi che vivevano nella città verso la fine del

1945 alla situazione attuale della città di Breslau, dove i tedeschi sono una minoranza molto piccola rispetto alla popolazione maggioritaria di origine polacca. Per raggiungere questo obiettivo, subito dopo la fine della guerra, fu organizzata una campagna per rimuovere i resti tedeschi dalla città, con la conseguente distruzione di molti dei resti rimasti in città dopo i combattimenti, come monumenti, nomi, ecc. Per completare la degerminazione, fin dai primi giorni dopo la fine del conflitto e l'insediamento della direzione polacca, furono effettuate evacuazioni forzate della popolazione germanica, portando al fatto che intorno al luglio 1948 Breslau venne ufficialmente dichiarata città libera dagli abitanti tedeschi. Nonostante ciò, sembra che almeno 3.000 persone siano rimaste in città grazie a un lavoro qualificato.

All'espulsione dei tedeschi si aggiunse il ripopolamento, ottenuto con l'emigrazione dei polacchi dall'Est con la promessa di nuove terre, lavoro e una nuova casa per loro. Questi nuovi coloni, di cui circa il 10% proveniva dalla città di Lwow (L'viv in Ucraina oggi), erano per lo più contadini e come tali avrebbero agito nella Slesia un tempo ricca e industriale, il che portò a un grande passo indietro a livello economico che ha gravato queste terre fino ad oggi.

▲ Immagine di una colonna di obici corazzati Wespe semoventi dotati di cannoni da 105 mm ancora durante i combattimenti contro i sovietici prima della loro penetrazione nel territorio del Terzo Reich. 4 di questi veicoli corazzati hanno partecipato alla difesa di Breslau all'interno del Panzerjäger-Abteilung Breslau. Bundesarchiv.

▲ Targa commemorativa che commemora l'assedio della Festung Breslau nel 1945. Pubblico dominio di PANEK.

▼ Vecchia mappa di Breslau nel 1910.

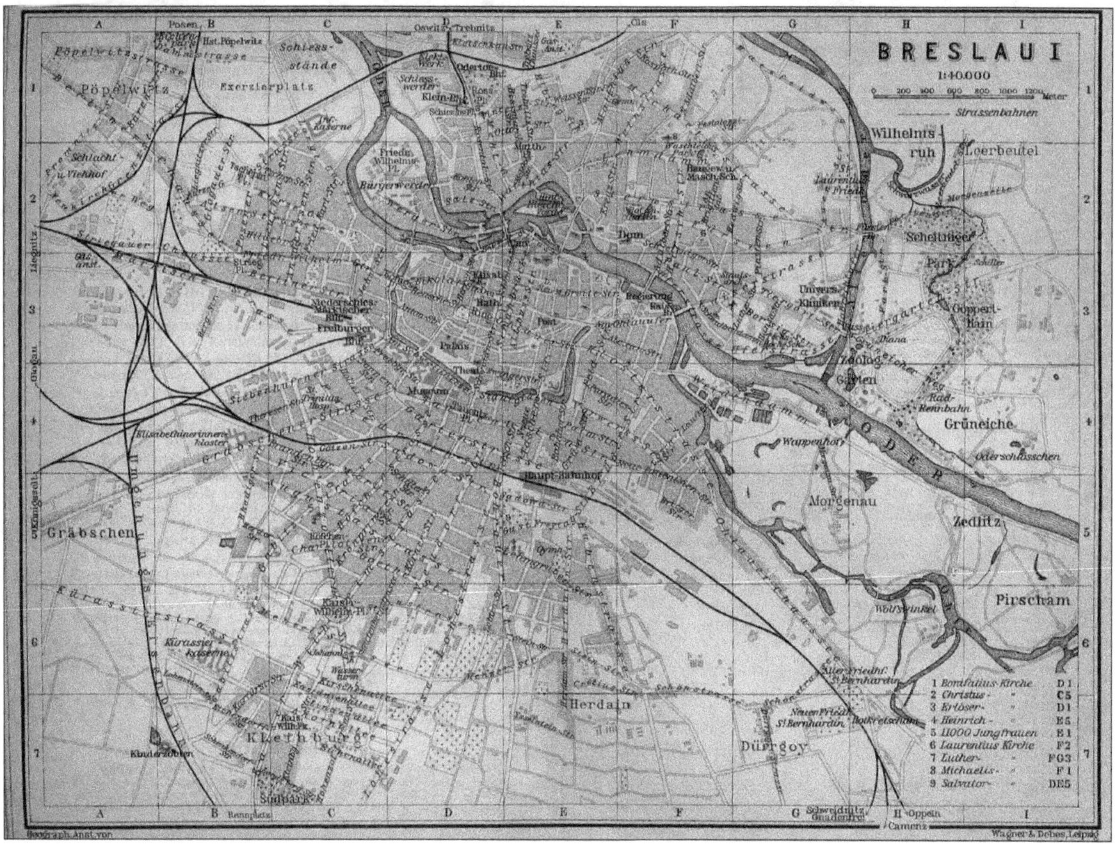

▲ Diversi membri del Volkssturm cercano di trovare rifugio in una trincea. Queste truppe, che non avrebbero dovuto combattere in prima linea, sono state costrette a farlo in innumerevoli occasioni, come è successo durante l'assedio di Breslau. Per gentile concessione di Massimiliano Afiero.

▲ Un pezzo di artiglieria sovietica con i suoi serventi durante gli attacchi alla Festung Breslau nel 1945. La superiorità delle armi e degli uomini dei sovietici sui difensori era immensa. Per gentile concessione di Massimiliano Afiero.

▲ Uno dei grandi edifici di Breslau, esempio dello splendore della città prima della guerra. Dopo la guerra, la maggior parte della città fu ridotta in macerie. Per gentile concessione di Massimiliano Afiero.

▼ Ritaglio tratto da un giornale dell'epoca chiamato Schlesische Tageszeitung che mostra i container utilizzati per rifornire le truppe e la popolazione recintata di Breslau.

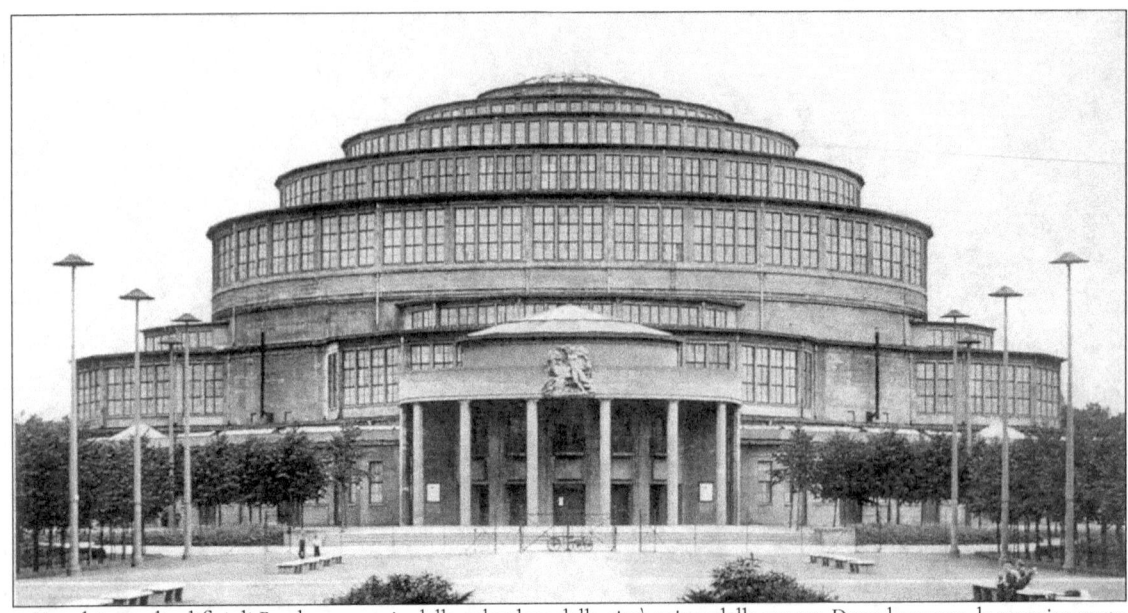

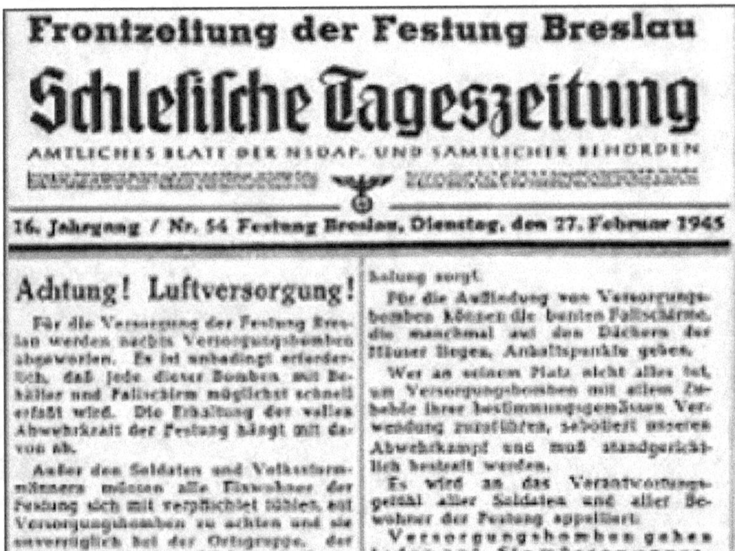

Frontzeitung der Festung Breslau

Schlesische Tageszeitung

AMTLICHES BLATT DER NSDAP. UND SÄMTLICHER BEHÖRDEN

16. Jahrgang / Nr. 54 Festung Breslau, Dienstag, den 27. Februar 1945

Achtung! Luftversorgung!

Für die Versorgung der Festung Breslau werden nachts Versorgungsbomben abgeworfen. Es ist unbedingt erforderlich, daß jede dieser Bomben mit Behälter und Fallschirm möglichst schnell erfaßt wird. Die Erhaltung der vollen Abwehrkraft der Festung hängt mit davon ab.

Außer den Soldaten und Volkssturmmännern müssen alle Einwohner der Festung sich mit verpflichtet fühlen, auf Versorgungsbomben zu achten und sie unverzüglich bei der Ortsgruppe, der Polizei oder einer Wehrmachtdienststelle zu melden. Weitermeldung erfolgt an Abt. Ib der Festung, die für Abholung sorgt.

Für die Auffindung von Versorgungsbomben können die bunten Fallschirme, die manchmal auf den Dächern der Häuser liegen, Anhaltspunkte geben.

Wer an seinem Platz nicht alles tut, um Versorgungsbomben mit allem Inhalt ihrer bestimmungsgemäßen Verwendung zuzuführen, sabotiert unseren Abwehrkampf und muß standgerichtlich bestraft werden.

Es wird an das Verantwortungsgefühl aller Soldaten und aller Bewohner der Festung appelliert.

Versorgungsbomben gehen jeden an! Sie müssen unverzüglich an die richtige Stelle!

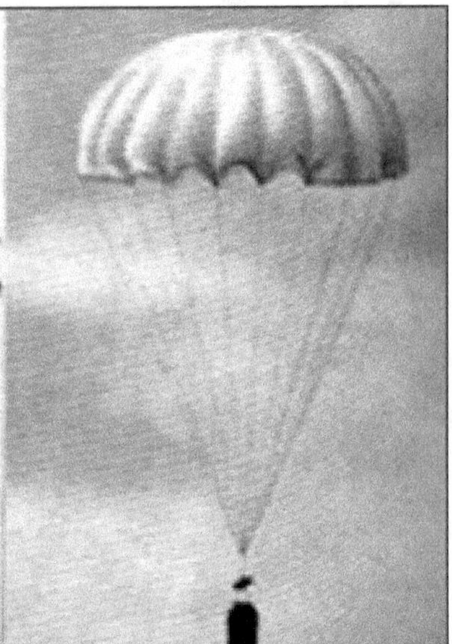

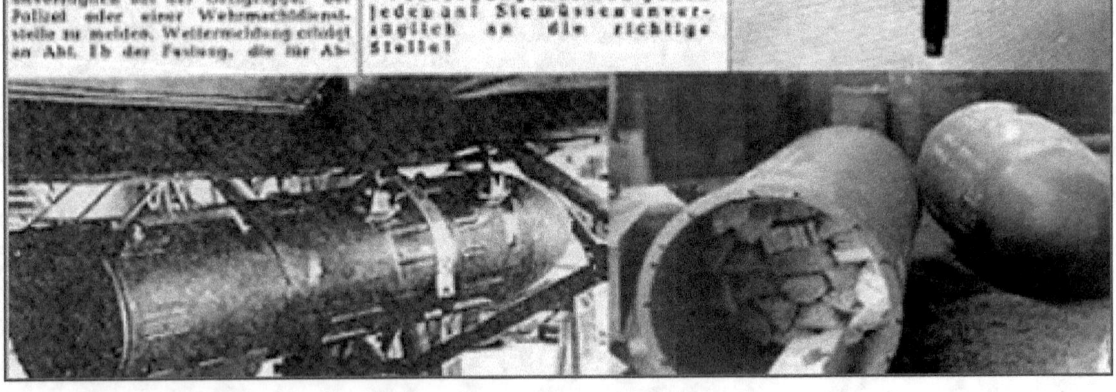

▲ Parlamentari tedeschi sono costretti a coprirsi gli occhi con gli occhi bendati per passare alle posizioni sovietiche per negoziare la resa della città.

▼ Truppe sovietiche che sparano colpi di mortaio pesante sui difensori di Breslau. Quest'arma era ampiamente utilizzata da entrambe le parti, poiché permetteva di battere ampie zone anche in prossimità (a volte i tedeschi dovevano sparare dai cortili delle case quasi con i loro pezzi in verticale a causa della vicinanza del nemico) con effetti devastanti.

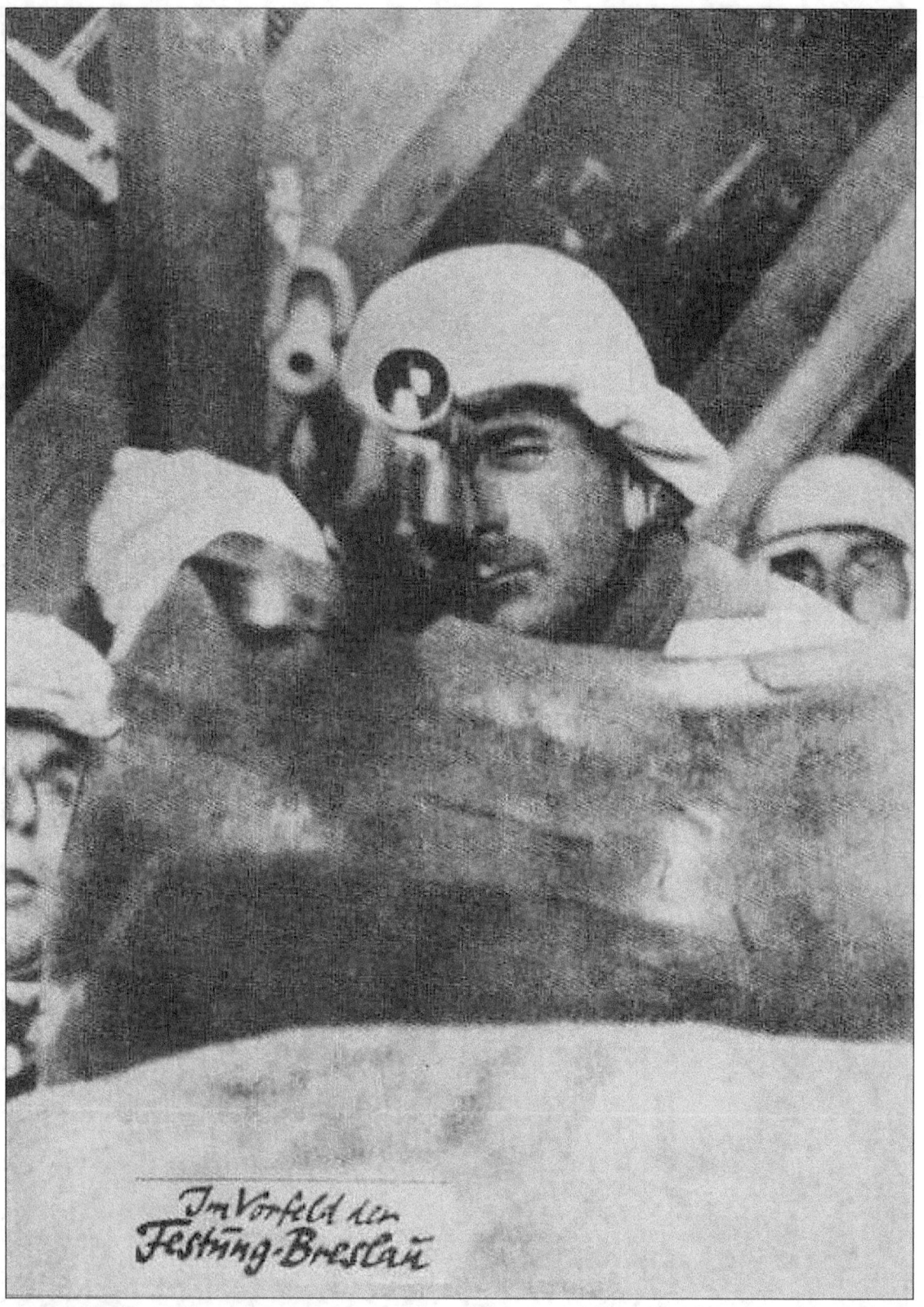

▲ Famosa immagine di un cecchino tedesco di stanza nella sua tana per le strade di Breslau. Il fuoco dei cecchini si è rivelato particolarmente pericoloso per le truppe di entrambe le parti.

▲ Un cannone sovietico semovente avanza lungo una strada apparentemente vuota. Molto probabilmente il blindato era sorvegliato da vicino dai difensori che avrebbero cercato di distruggerlo.

▼ Nonostante l'aspetto impressionante e la potenza dei moderni carri armati JS-2, molti di loro vennero distrutti per le strade di Breslau.

▲ L'Eisenbahnpanzerzug Pörsel, o Poersel, era un treno blindato armato con pezzi da 88 mm, 37 mm e 20 mm oltre alle mitragliatrici MG 42 prodotte nella città stessa dalla FAMO che poteva circolare sulla fitta rete ferroviaria di Breslau.

▼ Una barricata formata da vagoni del tram aveva lo scopo di rendere difficile l'avanzata dei sovietici per le strade di Breslau.

CONCLUSIONI

Ovviamente, dopo battaglie così dure e sanguinose come quelle che si svolsero sul fronte orientale durante la Seconda Guerra Mondiale con milioni di morti, le conclusioni non potranno mai essere positive. Ma concentrandosi sul tema del testo, si possono trarre alcuni insegnamenti.

Tra questi, apprezzare come gli abitanti di Breslau, sia la popolazione civile che la guarnigione della città, nonostante le molteplici avversità, siano stati in grado di resistere al pesante martellamento dell'aviazione, dell'artiglieria, della fanteria e delle truppe corazzate sovietiche, anche più di quanto la capitale del Reich sia stata in grado di resistere.

Ma il prezzo che questi civili e soldati dovettero pagare fu troppo alto e per certi versi assurdo quando la guerra in Europa era già completamente decisa e poco o nulla si sarebbe ottenuto con quella tenace resistenza che Hitler aveva voluto opporre ai sovietici a spese dei civili e dei militari. Sia da parte tedesca prima che da parte sovietica poi, la guerra sul fronte orientale assunse in molti casi una sfumatura di crudeltà nei confronti sia dei soldati che dei civili che andava al di là di quanto la mente umana razionale potesse immaginare.

Nel caso della popolazione civile di Breslau, le sofferenze non provenivano solo dalla parte sovietica, ma anche dal loro leader politico, il Gauleiter Hanke. I civili si trovarono tra l'incudine e il martello senza possibilità di tentare la fuga da Breslau, poiché nemmeno questa possibilità era stata loro offerta al momento giusto. Anziani, donne e bambini erano costretti a lavorare per mantenere la fortezza in mano ai tedeschi. Furono loro a dare la vita per sgomberare la città, costruendo la pista d'atterraggio in Kaiserstrasse o in tanti altri luoghi.

Per quel che restava del Reich, vi fu in effetti uno sviluppo positivo di fronte a tale atrocità, poiché il sacrificio del popolo di Breslau servì almeno timidamente a rallentare l'avanzata sovietica attraverso le terre del Reich. In questo modo, l'unico elemento che a quei tempi aveva davvero un valore per i civili germanici in fuga verso l'est fu raggiunto: il tempo di permettere tale volo.

Purtroppo, come era già accaduto in precedenza nella storia di Breslau, i suoi abitanti, questa volta di origine tedesca, vennero, in un modo o nell'altro, espulsi dalle loro case e dalle loro terre dopo l'incorporazione della Slesia in Polonia. E i pochi rimasti dovettero vivere in un ambiente completamente ostile, il che significava che col tempo la maggior parte di loro doveva andarsene. Questi ultimi Breslaniani e slesiani lasciarono dietro di sé terre che solo pochi anni prima erano altamente industrializzate ed economicamente fiorenti, e che ora erano destinate a diventare principalmente terre agricole desolate.

▲ A sin. Il 14 gennaio 1945, dalla sua testa di ponte sul fiume Vistola, iniziò la prima offensiva del Maresciallo Zhukov sul fronte bielorusso. A dx Sempre il 14 gennaio 1945, dalla sua testa di ponte sul fiume Narew, iniziò la seconda offensiva del Maresciallo Rokossovsky sul fronte bielorusso.

▼ Immagine del municipio di Breslau distrutto dopo la fine dell'assedio.

Kampf dem verfluchten Etappengeist!
Heute ist überall Front!

▲ Manifesto che incoraggia la lotta totale contro il nemico. Bundesarchiv.

▼ A sin. la realizzazione di vari manifesti ha permesso di mettere in guardia l'intera popolazione dalle varie ordinanze create per la difesa della città; oltre a cercare di elevare il morale e lo spirito combattivo dei difensori. A Dx. Annuncio dell'esecuzione del vicesindaco di Breslau, firmato dal Gauleiter Hanke.

Männer von Breslau!

Unsere Gauhauptstadt Breslau ist zur Festung erklärt worden. Die Evakuierung der Stadt von Frauen und Kindern läuft und wird in Kürze abgeschlossen sein. Ich habe den Gauamtsleiter für Volkswohlfahrt mit der Durchführung dieser Aktion beauftragt. Für die Betreuung der Frauen und Kinder wird geschehen, was möglich ist.

Unsere Aufgabe als Männer ist es, alles zu tun, was die Unterstützung der kämpfenden Truppe erfordert.

Ich rufe die Männer Breslaus auf, sich in die Verteidigungsfront unserer Festung Breslau einzureihen! Die Festung wird bis zum Äußersten verteidigt.

Wer die Waffe nicht führen kann, hat in den Versorgungsbetrieben, im Nachschub, bei der Aufrechterhaltung der Ordnung mit allen Kräften zu helfen. Niederschlesische Volkssturmmänner, die an der Grenze unseres Gaues bolschewistische Panzer mit Erfolg bereits bekämpften, haben bewiesen, daß sie unsere Heimat bis zum Letzten zu verteidigen bereit sind. Wir werden ihnen nicht nachstehen.

Breslau, den 21. Januar 1945.

Hanke
Gauleiter und Reichsverteidigungskommissar

Bekanntmachung!

Der zweite Bürgermeister der Stadt Breslau, Ministerialrat Dr. Spielhagen, hat sich bei dem Oberbürgermeister der Gauhauptstadt, Gauamtsleiter Leichtenstern, nach Berlin abgemeldet, um sich nach einem neuen Posten umzusehen. Seine maßlose Feigheit ließ ihn dabei die Erklärung abgeben, nicht auf einem Platz kämpfen zu wollen, an dem ihm persönlich nichts liege.

Auf meinen Befehl wurde Ministerialrat Dr. Spielhagen von einem Peleton des Volkssturmes vor dem Rathaus der Stadt Breslau erschossen.

Wer den Tod in Ehren fürchtet, stirbt ihn in Schande!

Festung Breslau, den 28. Januar 1945

Hanke
Gauleiter
und Reichsverteidigungskommissar

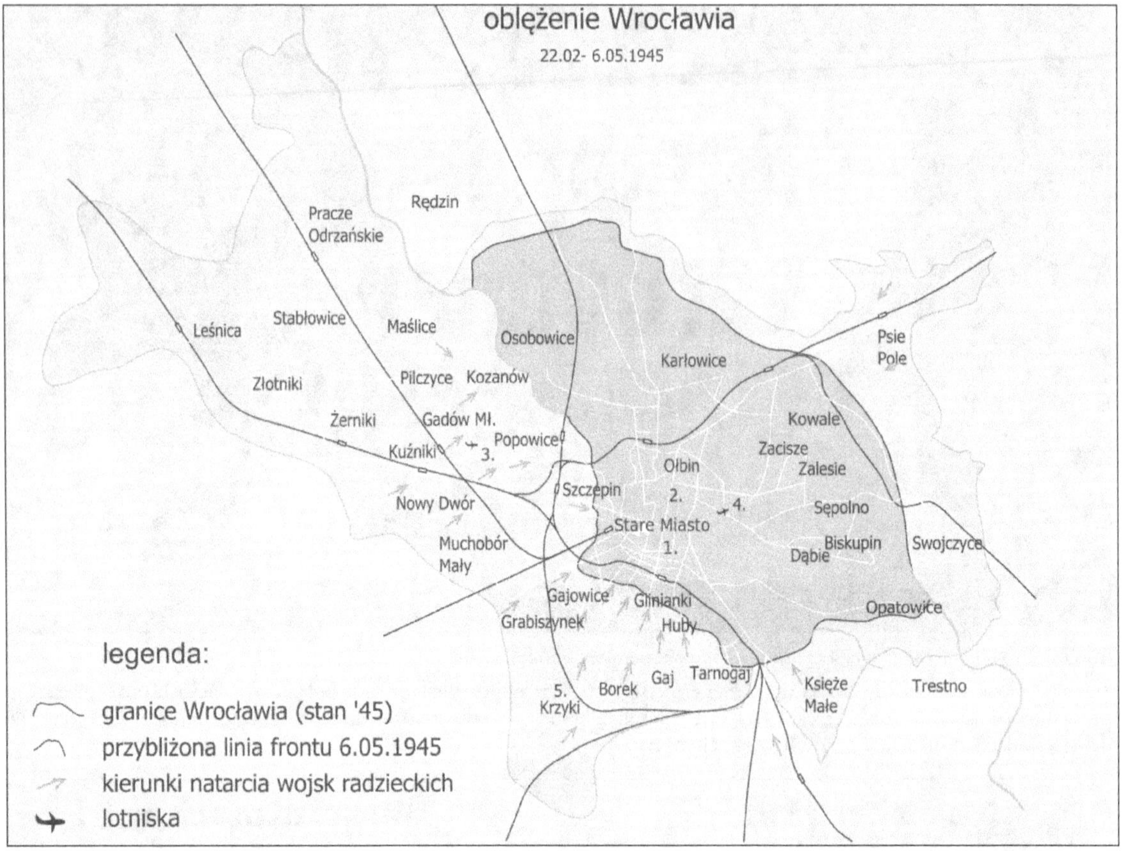

▲ Mappa che mostra in grigio le diverse linee di avanzata delle truppe sovietiche durante l'assedio della città di Breslau. L'1 indica la zona di dispiegamento del comando tedesco all'inizio dell'attacco sovietico, il 2 indica la nuova zona di dispiegamento dell'esercito tedesco dopo l'avanzata del nemico, il 3 l'aeroporto di Gandau, il 4 indica la pista d'atterraggio creata in Kaiserstrasse e il 5 indica Villa Colonia.

▼ La chiesa di San Cristobal distrutta nel 1945 dopo la fine dei combattimenti per la Festung Breslau.

▲ Nel gennaio 1945, mezzo centinaio dei piccoli carri di demolizione cingolati Goliath furono ricevuti a Breslau e utilizzati principalmente per la distruzione delle infrastrutture della città. Bundesarchiv.

▼ Mappa che mostra le linee di avanzata dell'Armata Rossa su Pomerania e Slesia.

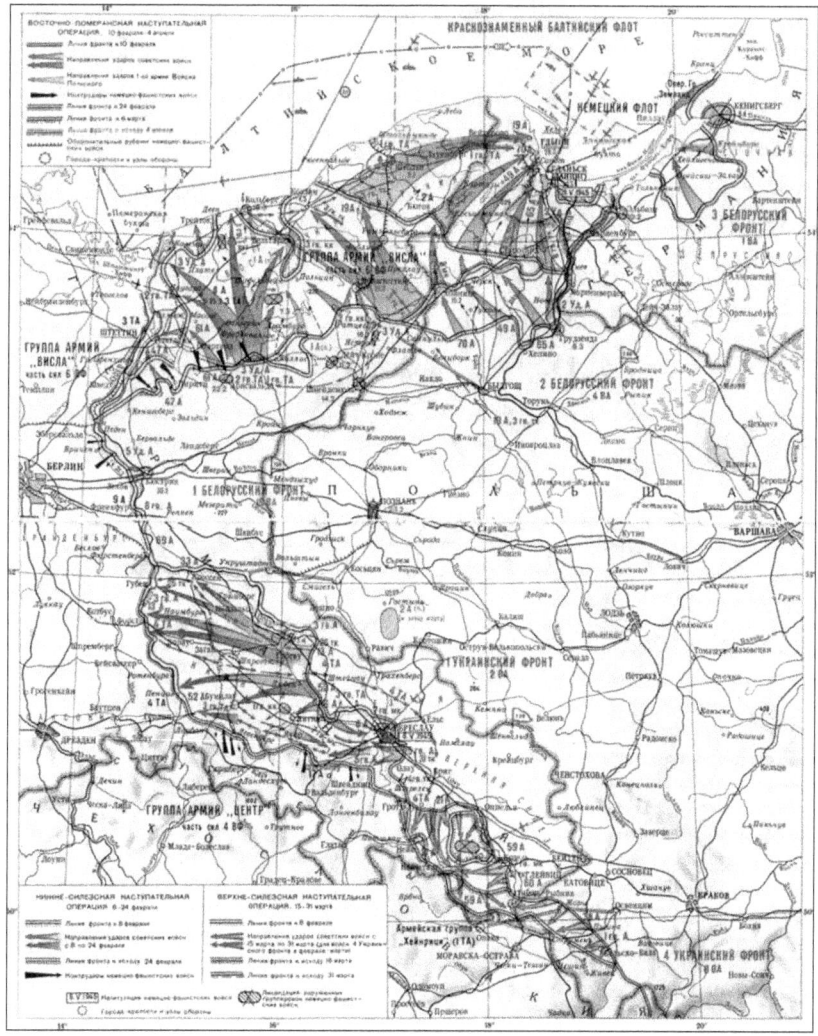

BIBLIOGRAFIA

- Beevor, Anthony. *"Berlín. La caída: 1945"*. Crítica S.L 2002.
- Duffy, Christopher. *" Red storm on the Reich. The Soviet march on Germany 1945"*. Routledge. 1991.
-Goebbels, Joseph. *" Diario de 1945"*. La esfera de los libros. 2007.
-Gunter, Georg. *"Last laurels"*. Helion. 2002.
-Hargreaves, Richard. *"Hitler's Final Fortress. Breslau 1945"*. Stackpole Books. 2011.
-Heiberg, Heiber. *"Hitler y sus generales"*. Crítica S.L. 2005.
-Holzträger, Hans. *"In a raging inferno. Combat units of the Hitler Youth 1944-45"*. Helion. 2000.
-Kurowski, Franz. *"Hitler's last bastion"*. Schiffer Publishing Ltd.1998.
-Lucas, James. *"Storming eagles"*. Cassell. 2001.
-Mabire, Jean. *"Infierno Blanco"*. Battlebooks. 2014.
-Mc Taggart, Patrick. *"¡Asedio!"* . Inédita Editores. 2010.
-Mitchan, Samuel W. *"German order of battle. Volume one"*. Stackpole Books. 2007.
-Mitchan, Samuel W. *"German order of battle. Volume two"*. Stackpole Books. 2007.
-Pegg, Martin. *"Transporter Volume two"*. Classic. 2006.
-Siebel-Achenbach, Sebastian. *"Lower Silesia from Nazi Germany to Communist Poland, 1942-49"*. Palgrave Macmillan. Febrero 1994.
-Solarz, Jacek. *"Breslau 1945"*. Wydawnictwo Militaria. 2007.
-Ziemke, Earl F. *"La batalla de Berlín fin del Tercer Reich"*. San Martín 1982.
-Hastings, Max (2004). Armageddon: La Battaglia per la Germania, 1944-1945 . Macmillan . ISBN

Sul web:

http://www.feldgrau.com/
http://www.exordio.com/
http://www.elgrancapitan.org
http://historum.com/
http://ww2db.com/
http://www.inyourpocket.com/
https://es.wikipedia.org/
http://www.armchairgeneral.com/
http://www.wratislavia.net/
http://forums.gunboards.com/
http://www.eurasia1945.com
http://ruleofengagement.forumactif.org/

TITOLI GIÀ PUBBLICATI
TITLES ALREADY PUBLISHING

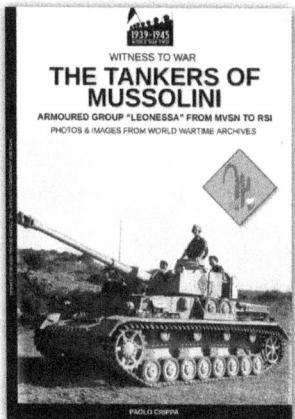
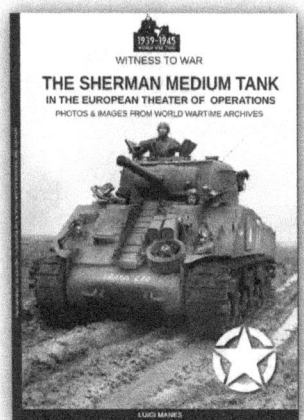

www.ingramcontent.com/pod-product-compliance
Lightning Source LLC
LaVergne TN
LVHW081544070526
838199LV00057B/3768